Roman David-Freihsl/Christian Fischer • Rückkehr zur Strudlhofstiege

W0055788

Roman David-Freihsl
Christian Fischer

Rückkehr zur Strudlhofstiege

Literarische
Spaziergänge
durch Wien

www.kremayr-scheriau.at

ISBN-13: 978-3-218-00765-8
ISBN-10: 3-218-00765-8
Copyright © 2006 by Buchverlage Kremayr & Scheriau/Orac, Wien
Alle Rechte vorbehalten
Schutzumschlag, Layout und Satz: EBELING | Visuelle Kommunikation, Wien
Fotos auf dem Schutzumschlag und im Innenteil: Christian Fischer
Druck und Bindung: GGP Media GmbH, Pößneck

Inhalt

Die Suche nach der Zegna-Hose

Thomas Bernhard – „Claus Peymann kauft sich eine Hose und geht mit mir essen" und die Probierzellenphobie

Sich zu fürchten scheint ein Grundbedürfnis zu sein. Und Angstauslöser finden sich zum allgemeinen Wohlgefallen rundum zuhauf. An Aids hat man sich schon längst gewöhnt, das haut uns nimmer um. Dafür weiß man jetzt nicht, ob man guten Gewissens sommers baden gehen kann, wo doch überall die vogelvergrippten Tiere vom Himmel fallen. Auch Hühnerfleisch wird sicherheitshalber gemieden, man weiß ja nie – auch wenn sie uns einreden, dass das Virus bei 70 Grad den Löffel abgibt: Und wenn auch das nicht reicht, haben wir immer noch ein bisserl Rinderwahn-Phobie auf Lager, auch die Schweinepest ist ein Hund und die Pestizide und die Gentechnik geben uns sowieso den Rest. Aber das ist erst die Nahrungsaufnahme. Dass man den Straßenverkehr überlebt, ist überhaupt ein Wunder, an Tschernobyl erinnern wir uns gelegentlich auch recht gern, wenn das Tsunami-Gedenken wieder abgeschwappt ist, was aber noch gar nichts ist gegen den Feinstaub, an dem schließlich – so wird lustvoll verkündet – pro Jahr Tausende sterben und der uns statistisch auch noch einige Lebensjahre kostet. Eigentlich müsste man einmal alle möglichen Todesgefahren und Sterbewahrscheinlichkeiten zusammenrechnen, um einmal statistisch gesichert darlegen zu können, dass wir alle miteinander schon lange tot sind.

Dabei wird über die häufigste Todesursache eigentlich nie berichtet. Die schweigen sie tot, und wir haben bisher erst einmal gehört, was wirklich das Gefährlichste ist: das Hose kaufen. Dies hat nur einer dokumentiert, der neben seinem Hauptberuf als Wortkünstler vor allem eines war – ein wahrer Angstkünstler. Spätestens seit Thomas Bernhard das Dramolett „Claus Peymann kauft sich eine Hose und geht mit mir essen" schuf, weiß man, welche Gefahren in den hintersten Winkeln der Kleidergeschäfte lauern: „Die Hosenprobierzellen sind zu eng, in ihnen ist keine Luft. In den Hosenprobierzellen hat schon so viele der Schlag getroffen, fragen Sie doch die Kleiderinnung, die wird es Ihnen bestätigen. Die Leute gehen in ein Geschäft hinein und wollen nur eine Hose probieren und probieren naturgemäß sieben oder acht und es trifft sie der Schlag, der Kleiderhausprobierzellenschlag ist der häufigste…"

Das kann man durchaus bestätigen, sofern man wie das literarische Vorbild ein deklarierter Hosenkauf-Hasser ist. Und derer gibt es gar nicht so wenige. Der mit dem Autor befreundete Stephan P. etwa ist ein solcher, und wenn er anhebt sich über das Ärgernis eines Hosenkaufes auszulassen, kann dies durchaus in einer Tirade des Widerwillens enden, die sich in ihrer Ausführlichkeit und Detailtreue durchaus mit den bernhardischen Satzkaskaden zu messen vermöchte. Wenn P. also bezeugt, dass er nur vor die Wahl gestellt werden müsse, welche Hose er nun probieren solle, dass er auch nur eine Probierkabine von außen sehen müsse, um in einen Zustand zu gelangen, in dem er das ganze Unterfangen am liebsten gleich wieder abbrechen würde – wenn P. also Derartiges berichtet, vermag er sich derart adrenalinschwanger hineinzusteigern, dass man in der Tat angehalten ist, sich Sorgen zu machen, ob seine Gesundheit angesichts solcher Erregung nicht tatsächlich Schaden nehmen könnte. Und dies, obwohl P. das Werk Thomas Bernhards ganz und gar nicht schätzt.

Zurück aber zum Dramolett und zu jenem Ort, an dem sich das Dargestellte zugetragen haben könnte. Nur: Genau jenes Geschäft in der Wiener Innenstadt, in dem sich die

Bernhard'sche Kleiderhausprobierzellenklaustrophobie derart auswuchs, ist längst nicht mehr existent. Oder besser gesagt: nicht mehr in der damals beschriebenen Ausgestaltung. Es war auch kein Leichtes, diese Lokalität ausfindig zu machen. In der Regieanweisung zu Beginn des Einakters heißt es jedenfalls, dass der nunmehr ehemalige Wiener Burgtheaterdirektor Claus Peymann gerade in einem „Luxusgeschäft auf dem Graben" sechs leichte Sommerhosen der Firma Zegna probiert habe, danach jene, die er als zweite probiert hatte, gekauft und gar nicht mehr ausgezogen habe – und schließlich mit seiner alten Hose unter dem Arm „raschen, aber nicht unüberlegten Schrittes auf die Pestsäule" zumarschiert sei.

Nun kann man sich auf dem Wiener Graben der Pestsäule naturgemäß von mehreren Seiten raschen, aber nicht unüberlegten Schrittes nähern. Setzte man sich etwa von der Naglergassenseite in Richtung Pestsäule in Bewegung, dann wäre es wohl das ITA-Luxusgeschäft an der Ecke zum Kohlmarkt gewesen, in dem vom Theatermacher die sechs leichten Sommerhosen probiert wurden. Was aber seit einigen Jahren schon nicht mehr überprüft werden kann, da es das besagte ITA-Luxusgeschäft hierorts nicht mehr gibt und Cartier mit glitzernden Luxusgütern in das übernommene Geschäft eingezogen ist.

Dann wiederum gäbe es die Möglichkeit, die rasche und überlegte Schrittfolge Peymanns vom Stephansplatz her in Richtung Pestsäule nachzuvollziehen – was aber mit einem kleinen, aber nicht unwesentlichen Detail nicht in Einklang zu bringen ist: der Mangel an auf Kleider spezialisierten Luxusgeschäften an dieser Ecke – zumindest ist kein solches bekannt, das schon zu Bernhard-Peymann'schen Zeiten dort seine Waren feilgeboten hätte.

Eine weitere noch mögliche und auch die am nächsten liegende Option ist es, sich von der Dorotheergassenseite her in Richtung Säule zu bewegen. Und hier finden sich tatsächlich

Spuren – wenngleich es sie inzwischen auch nur noch in bruchstückhaften, denkmalgeschützten und also erhalten gebliebenen Erinnerungsstücken gibt. Allerdings hatten wir diese im Juli 2004 gerade noch besichtigt und dokumentiert, just in dem Moment, als sie die letzten Inventarstücke des Luxus- und Traditionsgeschäftes „E. Braun & Co", das sich an der Ecke zur Spiegelgasse befand, hinaustrugen. Zu diesem Zeitpunkt demontierte die Baufirma Lugner gerade die vormalige Luxusgeschäftseinrichtung, auf dass in diese Räumlichkeiten eine besondere, wenn auch bei weitem nicht luxuriöse Filiale von H&M einziehen möge.

Draußen an den Vitrinen fand sich zum Zeitpunkt der damaligen Spurensuche gerade noch der alte Schriftzug: „E. Braun & Co – Berlin Karlsbad Prag", doch im Inneren waren die originalen Umkleidekabinen bereits entfernt, sodass deren beengende und Angstzustände auslösende Knappheit nicht mehr nachvollzogen werden konnte. Im gesamten Geschäft wurde damals abgeschraubt und hinausgetragen, die letzten Details, die vielleicht noch von theatralischen Auftritten hätten zeugen können, wurden dem Firmenwechsel geopfert. Und als wir die Arbeiter, wenn auch grinsend, fragten, ob sie wüssten, ob hier einmal Herr Peymann und Herr Bernhard eingekauft hätten, hatten die naturgemäß „keine Ahnung". Und als dann der Elektriker vorbeimarschierte, meinte dieser, nun selbst grinsend: „Schau, da kummt er, der Bernhard."

Nur ein Detail, ein allerletztes, hatte dem Umbau gerade noch widerstanden: Über dem Abgang ins Untergeschoß fand sich noch ein Firmenschild an der Wand, das von dem vergangenen Luxus zeugte: „Ermenegildo Zegna". Und somit kann dies also eigentlich nur jener Ort sein, den Bernhard im Sinn hatte, als er diese Regieanweisung schrieb. Und als wir so dort standen und das Zegna-Schild anschauten, hätte es uns nicht im mindesten verwundert, hätte man da noch einmal die

Stimme Bernhards gehört: „Wenn wir auf den Grabsteinen jeweils die Todesursache ablesen könnten, wir würden alle Augenblicke auf den Grabsteinen gleich welchen Friedhofs lesen: Todesursache Hosenprobe."

Angesichts eines solchen Belegs kann man bereits getrost annehmen, dass Thomas Bernhard „E. Braun & Co" am Graben im Sinn hatte, als er die Regieanweisung niederschrieb. Ihn selbst kann man jedenfalls nicht mehr dazu befragen und wir wissen, dass letztlich bei Thomas Bernhard ganz sicher keine Hosenprobe das Ableben eingeleitet hat.

Einen gibt es allerdings noch, der diese seinerzeitige Begebenheit bezeugen könnte. Einen potenziellen Augenzeugen. Daher ein kurzer Anruf in Deutschland, in der Direktion des Berliner Ensembles: Ob sich Herr Direktor Claus Peymann erinnern könne, dass er tatsächlich einmal auf dem Wiener Graben gemeinsam mit Thomas Bernhard eine Hose gekauft habe. Der Mann am anderen Ende der Leitung, ein Mitarbeiter der Direktion, versteht gleich, worum es geht, und lacht. Das wisse er leider nicht, aber er werde sich kundig machen und es werde zurückgerufen. Tatsächlich kommt am selben Tag noch der Anruf aus Deutschland – am Apparat ist nicht Peymann persönlich, sondern eine Frau. Ja, Herr Peymann habe tatsächlich einmal eine Hose auf dem Graben gekauft, „nur ein einziges Mal, aber er hat diese Hose dann nie getragen". Die Hose sei von diesem italienischen Nobelschneider

gewesen, auf Nachfrage wird auch der Name Zegna bestätigt. Und das Geschäft auf dem Wiener Graben habe Braun oder so ähnlich geheißen.

Peymann habe diese ungetragene Zegna-Hose dann die ganze Zeit über im Wiener Burgtheater hängen gehabt und zu einem späteren Zeitpunkt sei diese Hose ins Inventar des Hauses übergegangen. Peymann habe dann einmal nach der Hose gesucht – „er wollte sie in einer Inszenierung einbauen", wird aus der Direktion des Deutschen Theaters von Peymann ausgerichtet. Da muss nicht einmal extra erklärt werden, um welches Stück es sich dabei gehandelt hatte. Aber da war die Hose bereits verschwunden und nicht mehr aufzutreiben. „Wahrscheinlich ist die jetzt auf irgendeinem Trödel und niemand weiß, was das für 'ne wertvolle Hose ist", wird in Berlin berichtet. Als Peymann also im Juni 2006 sich nach Wien begab, um dort das Stück Thomas Bernhards selbst zu verlesen, musste er dies notgedrungen ohne der originalen Zegna-Hose vom Braun tun.

Christian Fischer erinnert sich übrigens, dass ihn Peymann einmal persönlich angerufen habe. Dies war zu Zeiten, als jener noch das Wiener Burgtheater leitete. Christian hatte ihn damals während einer Probe fotografiert – auf der Probebühne des Burgtheaters im Gelände des Arsenals im dritten Bezirk. Dort war Peymann auf einer Requisite abgelichtet worden – als er gerade rittlings auf einem ausgestopften Wildschwein saß. Dieses Foto des auf dem Schwein reitenden Burgtheaterdirektors kam dann auf das Titelblatt der Wiener Stadtzeitung „Falter". Einige Jahre später läutete Christians Handy. Es meldete sich mit deutschem Akzent: „Peymann hier!" Und dann ansatzlos: „Ham' Se noch die Sau?" Christian hatte sie noch, die Sau, und schickte ihm das Bild.

Welcher Marke die Hose aber war, die Peymann bei seinem Schweinsritt auf der Probebühne trug, vermag Christian bei bestem Willen nicht mehr zu sagen.

Als Waluliso die Straßen unsicher machte

Michael Köhlmeier – „Roman von Montag bis Freitag"
und der Wiener Stephansplatz

Was er über den Platz rief, war eigentlich eher ein Stammeln. Fast schon ein Lallen – ein Friedenslallen. Denn „Liiieeebe" und „Friiiieeedensbotschaft" waren die Worte, die man in den „Predigten" des Waluliso auf dem Wiener Stephansplatz noch am ehesten verstand. Regelmäßig, eigentlich tagtäglich stand er in den 80er Jahren des verwichenen Jahrhunderts da, in seiner offensichtlich aus Bettwäsche gestalteten Toga, dem Lorbeerkranz auf dem Haupt, einem Stab mit Wimpel drauf in seiner Hand. „Waluliso" stand darauf und nur die wenigsten wussten noch, dass dies ursprünglich die Abkürzung für „Wasser – Luft – Licht – Sonne" war. Manche glauben auch, dass es für „Wald – Luft – Licht – Sonne" stand. Es ging jedenfalls nicht nach den vier Elementen, denn dann hätte er ja „Waluerfe" (Wasser – Luft – Erde – Feuer) geheißen.

Begonnen hatte es bereits in den 70er Jahren, als die Wiener Donauinsel noch eine Baustelle war und der sich damals noch nicht so nennende „Waluliso" als Spross der Freikörperkultur unter dem Motto „Wasser – Luft – Licht – Sonne" Unterschriften sammelte. Ein paar Zehntausend waren es sogar, die für die Erhaltung der Donauinsel als Freizeit- und Erholungsgebiet signierten.

Später, als „Waluliso" in Schlapfen und mit dem Apfel in der Hand auf dem Stephansplatz predigte, stand der Begriff „Waluliso" bereits für sich und für die Person, die da mit larmoyanter Stimme eine Botschaft der Liebe, des Friedens und des Einklangs mit der Natur verkündete. Sein Auftritt war derart getaktet, dass er im Zuge seiner Predigt auch jedes Mal die Glockentöne der Pummerin, der mächtigen Glocke des Stephansdomes, begrüßen konnte.

Eine unfreiwillige Karikatur, die zeitgerecht zur aufkeimenden Ökologiebewegung in Erscheinung trat, ein Original, wie es wohl nur in einer Stadt wie Wien möglich war. Daher hieß „Waluliso" im wirklichen Leben auch ganz zu Wien passend: Weinberger. Ludwig „Wickerl" Weinberger

Nachdem er schon längst nicht mehr die Liebe verkündet hatte, ist Waluliso im Juli 1996 verstorben und nur noch die mittleren und älteren Semester erinnern sich an ihn. Nebst einem literarischen Denkmal, das ihm Michael Köhlmeier in seinem „Roman von Montag bis Freitag" setzte. Dort erinnert sich der Walter, den sie „Eisenmann" nannten, in Vorarlberg an die Wiener Erscheinung, von der Eisenmann behauptet, sie sei „ein Verrückter" gewesen.

Vor allem aber ist die Rede von einer bedeutsamen Begebenheit, die sich nicht einmal in Wien ereignete – sondern im fernen Island. Der damalige amerikanische Präsident Ronald Reagan und sein russischer Gegenpart Michael Gorbatschow hatten sich dort getroffen, um über das mögliche Ende des Kalten Krieges zu verhandeln. „Waluliso" seinerseits hatte sich auch auf den Weg dorthin gemacht, um die Politiker mit seinen Friedensreden zu inspirieren.

An diesem Tage also saß Eisenmann vor einer Schreibmaschine, hörte Radio und konnte deshalb gleich niederschreiben und für die Nachwelt festhalten, was der Sprecher im Mittagsjournal des ORF zu diesem Ereignis berichtete. „Waluliso ist in Island und macht die Straßen von Reykjavík unsicher", gibt Eisenmann den ORF-Sprecher wieder. Und kommentiert: „Verstehst du, was ich meine? Da treffen sich genau diese beiden Männer, die die ganze Welt zwanzig Mal oder sogar noch öfter kaputtmachen könnten, dachte ich, und nicht sie machen die Straßen von Reykjavík unsicher, sondern Waluliso. Was ist das für eine schöne Zeit gewesen, die Zeit des Kalten Krieges!"

Im Sommer 2006 – also genau zehn Jahre nach dem Tod von Waluliso – erinnert in der Wiener Innenstadt auf den ersten Blick nicht viel an den alten Friedenskünder. Aber nur auf den ersten. Ein feiner Anklang ist es vielleicht, dass genau gegenüber jener Stelle, wo „Wickerl" Weinberger stand, das Café Weinwurm seinen Gastgarten aufgebaut hat. Und so verwundert es auch nicht, dass der Kellner im Weinwurm, obwohl selbst noch in jüngeren Jahren, trotzdem noch den Mann in der Toga mit Apfel und Stab kennt: „Na sicher erinner' ich mich an den. Da war ich gerade 16 Jahre alt und hab' im Hotel Ambassador gelernt. Da is' er immer vorbeimarschiert." Und dann noch eine Beschreibung, die man damals, zu Walulisos bekanntesten Zeiten, wohl nur kaum gehört hätte: „Der war spitzenklasse. A cooler Kerl."

Nein, es gab sogar einige, die den Mann in Jesuslatschen ganz und gar nicht mochten, die ihn gar verscheuchten. Eine gute Freundin von mir, die damals zur gleichen Zeit im Hotel Sacher gearbeitet hatte, erinnert sich: „Der Waluliso ist immer gegenüber vom Kaffeehaus aufmarschiert und hat zu den Gästen im Café seine Botschaften rübergerufen. ‚Liiiieeebe' und ‚Friiiiieeeede'. Dann ist aber immer sofort der Wagenmeister des Sacher hinübergegangen, wo die Fahrzeuge des Sacher standen, hat sich in ein Auto reingesetzt – und Vollgas gegeben. So lange ließ er den Motor röhren, bis der Waluliso endlich abmarschiert ist."

Auf dem Stephansplatz des Jahres 2006 stellt sich allerdings die Frage, ob einer wie Waluliso dort überhaupt noch predigen dürfte. Schließlich hat die neue Vorsteherin des Bezirkes, die ehemalige TV-Sprecherin Ursula Stenzel, nach angeblichen Gesprächen mit der Erzdiözese verfügt, dass dieser Platz künftig eine „Respektzone" sein solle, auf der nur noch rein kirchliche Veranstaltungen wie der Steffl-Kirtag stattfinden sollten. Und vermutlich hätte sich bei der ehemaligen TV-Moderatorin angesichts einer Person wie Waluliso ebenso wie bei Köhlmeiers ORF-Sprecher die Meinung durchgesetzt: Der Waluliso macht die Straßen „unsicher". Zwar diente seine Botschaft dem Frieden – aber eine kirchliche Veranstaltung war das sicher nicht – daher bitteschön Platzverweis. Und zwar mit Respekt.

Überdies hatte Stenzel schon mehrfach zuvor für das umfassende Ruhebedürfnis der Innenstadtbewohner die eine oder andere Attacke geritten. Nur ja nicht zu viel „Spektakel" in der Stadt. Und da hatte die ÖVP-Bezirksvorsteherin sogar vor dem von der ÖVP-initiierten Ostermarkt auf der Freyung nicht Halt gemacht und eine Lärmobergrenze in

Zimmerlautstärke verfügt. Sogar zum großen Stadtfest der Wiener ÖVP hatte sie einmal in einem Interview erklärt, da würde sie ohnehin die Stadt verlassen. Zu laut das alles.

Welchen Aufruhr hätten da erst die „Friiiiieeeede"- und „Liiiieeeebe"-Rufe des FKK-lers bei den ruhebedürftigen Innenstädtern des Jahres 2006 ausgelöst.

Und dennoch wird er auf einmal wieder präsent, der „Wickerl" Weinberger. Es ist Mitte April 2006 und ein gut dreijähriger, ungestümer Taubenjäger scheucht Tauben vor sich her. Keine Friedenstauben, sondern stinknormale Stadttauben. Doch dann werden zwischen Stephansdom und dem im Boden eingelassenen Grundriss der Virgil-Kapelle schön in einer Reihe Hocker aufgestellt und mit schwarzen Tüchern behangen. Zunächst beginnen ganz links ein silberner Rosenkavalier und ganz rechts ein ebenfalls silbrig geschminktes Rokoko-Mädchen ihr pantomimisches Tun.

Um Punkt 13 Uhr tritt ein weiterer Pantomime in weißer, Toga-artiger Gewandung auf. Das Gesicht weiß geschminkt, das Haupt nicht mit Lorbeerkranz, sondern mit einem ebenfalls weißen Turban bedeckt. Sogar an Walulisos Stab wird man beim Nachbarpantomimen erinnert. Allerdings ist nicht ein Zweiglein daran befestigt, sondern eine Sense – hier bittet der Tod um Spenden.

Es sind junge Künstler aus Tschechien, Polen, aus der Slowakei, die hier bis 17 Uhr ihren Lebensunterhalt verdienen. Der Weiße nennt sich „Ali Baba" und unterhält die Menge mit lustigen Zirp-, Quietsch- und Tschilpgeräuschen. Er gibt zwar Töne von sich, ist aber beim Magistrat ordnungsgemäß angemeldet, also geht das auch im ruhebedürftigen ersten Bezirk von Wien in Ordnung. Es ist keine Botschaft, die „Ali Baba" überbringt, er zaubert nur Lächeln in die Gesichter der Menschen. Dabei könnte die Welt einen Friedenskünder immer noch gut gebrauchen. Denn im Jahre 2006 sind die Kriege, die die USA führen, keine kalten mehr.

Stadtbummel des Schreckens

Abraham a Sancta Clara – „Mercks Wien" und der
Stadtbummel mit dem Schwarzen Tod

Es war ein gnadenloser Stadtbummel – und Abraham
a Sancta Clara hat ihn uns überliefert. Ein Jahr nach dem
großen Sterben in der Wienerstadt hat er das Grauen in seiner
Predigt „Mercks Wienn" festgehalten.

Einen von der großen Pestilenz im Jahre 1679 veranstal-
teten Totentanz durch alle Gassen der Innenstadt zieht er hier
vor uns auf: „In der Herrengassen hat der Todt geherrschet. In
der Klugerstrassen ist der Todt nicht klueg gewest sondern
verschwenderisch. In der Bognergassen hat der Todt ziemlich
seinen Bogen abgeschossen; In der Singerstrassen hat der Todt
vielen das Requiem gesungen. In der Schulerstrassen hat der
Todt kein Vacanz gesetzt. In der Riemerstrassen hat der Todt
aus frembden Häuten Riemen geschnitten" und ewig so weiter
und immer so fort. „Im Ofenloch ist manchen der kalte
Todtschweiß über das Angesicht geronnen. In dem Schlosser-
gassel hat der Todt vielen die Thür auffgesperrt in die
Ewigkeit. In dem Jungfrauengassel hat der Todt nicht wenig
Galanisieret."

So geht die Todespredigt weiter – bis hin zur Auflistung
aller Märkte der damaligen Wienerstadt: „Auff dem Hohen-
markt hat der Todt viel erniedriget. Auff dem Fischmarkt hat
der Todt keinen Fastag gehabt. Auff dem Neuenmarkt hat der
Todt keinen nichts Neues gemacht. Auff dem Kohlmarkt hat
der Todt nichts als kohlschwarze Trauerkleider verursachet"
und so fort.

Was uns heutzutage so lautmalerisch gefällig klingt, sind die Schrecken der Pestilenz, die für die Wiener Bevölkerung Opferzahlen in bis dahin unvorstellbarem Ausmaß mit sich brachte.

Die Epidemie hatte sich längst schon in den Vororten der Stadt angekündigt, bevor sie dann grausam und unbarmherzig über Wien niederging.

Schon im Dezember 1678 waren die ersten Pesterkrankungen in der Leopoldstadt, dem heutigen zweiten Bezirk, registriert worden. Doch die Behörden nahmen diese Vorboten nicht ernst, vertuschten die Vorkommnisse sogar, so gut es nur ging. Rasch setzte sich die Seuche in den Vororten fort; vor allem die Armen und Schwachen wurden dahingerafft. So genannte Siechenhäuser wurden eingerichtet. Eines auf dem Alsergrund, das zweite in der Spittelau. Doch bald schon konnten all die Kranken und Siechen nicht mehr aufgenommen werden, da es Tag für Tag mehr und immer noch mehr wurden.

Vorerst predigte noch ein anderer: Der aus Holland stammende „Pestarzt" Paul de Sorbait – doch dessen Ratschläge wurden immer noch nicht ernst genommen. De Sorbait forderte in erster Linie Verbesserungen der Sanitätseinrichtungen und der Hygienebedingungen. Schon vor dem Ausbruch der großen Seuche hatte der „Pestarzt" eine „Ordnung" verfasst, in der er zusammengefasst hatte, welche Maßnahmen gesetzt werden sollten, um den Ausbruch und das Ausmaß der drohenden Epidemie möglichst gering halten zu können. Die Behörden wimmelten ab, schlugen Warnungen und Tipps in den Wind.

Erst im Januar 1679 willigten sie endlich ein, diese Ordnung zu erlassen – und das nur zögerlich. Sie wurden auch nur unzureichend befolgt, die Anordnungen. Dabei war es genau das Richtige, zu dem de Sorbait riet: „…nachdem die Erfahrung mit sich bringt, dass Sauberkeit ein sonderbar nützlich und notwendiges Mittel ist, sowohl die Einreissung der Infektion zu verhüten, als auch dieselbe abzuwenden: Herentwegen die Unsauberkeit solches Übel verursacht und erhaltet." Er befahl daher, „erstens kein Blut, Eingeweide, Köpfe und Beiner von dem abgetöteten Vieh, noch auch Kraut-Blätter, Krebs, Schnecken, Eyerschallen oder anderen Unflat" auf die Straßen zu werfen. Auch sollten tote Hunde, Katzen und Geflügel nicht mehr einfach im Gully landen, sondern vor die Stadtmauern gebracht werden.

Der Arzt wurde ignoriert – und schon bald lagen menschliche Leichen in den Straßen. Die Pest war bereits im Sommer 1679 ins Stadtinnere übergesprungen und wütete dort mit unvergleichlicher Aggression. Wen es erwischte, der wurde rasch, manchmal binnen Stunden, dahingerafft. Unablässig fuhren die Karren vor die Palais und Bürgerhäuser, um die Toten abzuholen. Als es dann nicht mehr möglich war, die

Toten rasch wegzuschaffen, mussten die Häftlinge aus den Gefängnissen geholt werden, um die Hinterlassenschaft des Schwarzen Todes abzuwickeln. „Man sahe das ganze Monath umb Wienn und in Wienn nichts als Todte tragen, Todte führen, Todte schlaiffen, Todte begraben", beschreibt Abraham a Sancta Clara das Elend.

Vor der Stadt wurden Pestgruben ausgehoben, in die die Leichen hineingekippt wurden. Doch bald war auch die Kapazität der sieben Stadttore angesichts der vielen Transporte erschöpft. Von erschütternden Szenen wurde berichtet – wie verzweifelte Angehörige den Totenwagen nachliefen. Oder wie verwaiste Kinder weinend durch die Straßen der vom Tod geleerten Stadt irrten. „Wer aber anno 1679 in der Wiennstatt in dem Monath September hat gelebt, der muss es hoch betheuern, das solches Elend allen Mahlern zu entwerffen ohnmöglich scheinet, dann der Todt solcher gestalten gewütet, dass vielen vorkommen, es sey der allgemeine Epilogus und Weltschluß verhanden."

Wer noch konnte und genug Geld hatte, flüchtete aus Wien. Allen voran Kaiser Leopold I., der im August zuerst ein bisschen nach Mariazell wallfahrten ging – tatsächlich aber dann gleich vor der Pest bis nach Prag flüchtete. Und als die Seuche dann auch dort ausbrach, weiter nach Linz zog, wo er ausharrte, bis das große Sterben in Wien zu Ende war.

Wie viele Menschen damals starben, kann nicht mit Gewissheit benannt werden – die Schätzungen belaufen sich auf 70.000 bis 120.000 Tote.

Auch wenn seitdem mehr als 300 Jahre vergangen sind: Im morbiden Wien der Neuzeit, der Stadt der „schönen Leich' ", in der das Sterben und das In-den-Himmel-Fahren in süßlich melancholischen Liedern besungen wird, muss man nicht lange nach Spuren des „Schwarzen" suchen. „In dem Blutgassel ist auch der Todt nicht schamroth worden", schreibt Sancta Clara in seiner Predigt.

Und genau hier, an der Ecke Blutgasse/Domgasse, springt einem der Tod förmlich aus dem Schaufenster entgegen: Totenschädel, Skelette – und venezianische Schnabelmasken. Eine Ansammlung schauriger Kostümierungen ist das, als hätte sich der Auftraggeber des Mozart'schen Requiems just hier ausgestattet, bevor er zum Meister marschierte. Das „Mozart-Haus" ist gleich schräg gegenüber. In diesem Haus hatte dieser allerdings den Figaro komponiert, gestorben wurde dann zwei Ecken weiter – in der Rauhensteingasse. Hier in der Blutgasse, schräg gegenüber vom Mozart-Haus, kostet der Tod im Scherzartikelgeschäft Euro 69,90. Figürlich dargestellt, natürlich. Ansonsten gilt in Wien ja: „Umsonst is' der Tod – und der kost' des Leben."

Daneben hängt eine heute lustige Faschingskostümierung, in der damals die Pest bekämpft worden war. „Die Schnabelmasken haben ihren Ursprung in der Pest-epidemie", bestätigt der Inhaber des Geschäftes „Kostüme und Klamauk", das wegen des nostalgischen Klanges in „K.U.K." abgekürzt wurde. „Der Pestdoktor mit seinem Schnabel – angeblich soll er so gewusst haben, wie nahe er dem Patienten kommen darf. Vielleicht nur ein G'schichterl", überlegt der Geschäftsinhaber. „Aber wenn, dann ist es wenigstens gut erfunden."

Ganz am Schluss der langen Auflistung des Predigers sind wir mitten im Zentrum der Stadt angelangt, beim Stephans-dom: „Im Stock im Eysen hat sich der Todt hart gnug erzeigt", erinnert Abraham a Sancta Clara. Heute ist es die Technik, die hier kein Erbarmen hat. Ein Werkelmann, schwarz von Kopf bis Fuß, vom abgewetzten Zylinder bis zur ausgebeulten Hose, stellt sich auf, macht sich langsam und mühselig ans Werkel. Er dreht, er hantiert, drückt im Inneren des Kastens herum. Das Werkel läuft nicht an. Ist tot. Nur einmal drehen wir uns kurz um. Und schon ist der schwarze Werkelmann wieder verschwunden.

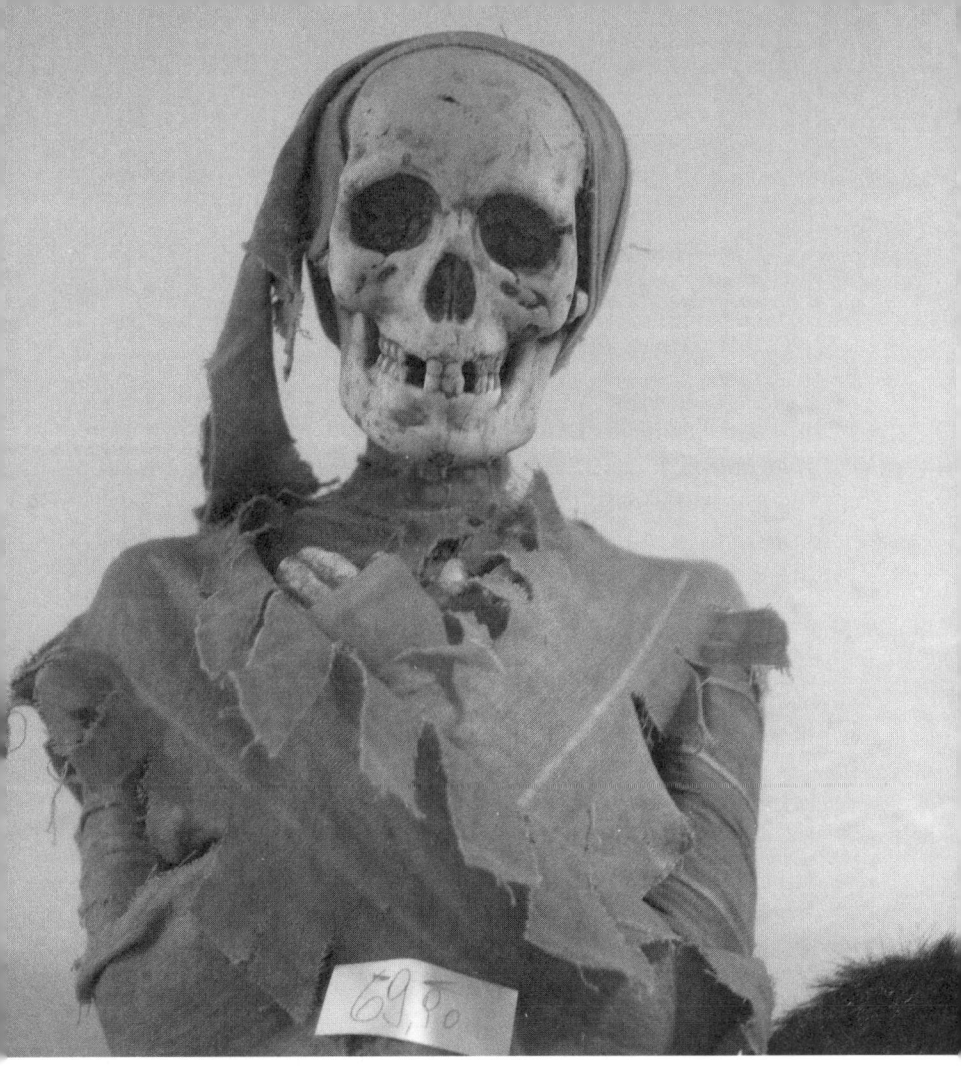

Was aber bleibt und sich seit kurzem wieder frisch saniert präsentiert, ist nur wenige Schritte weiter die Stein und Gold gewordene Erinnerung an die Seuche: die Pestsäule auf dem Graben. Noch als der Schwarze Tod wütete, war deren Vorgängerin, eine hölzerne Säule, aufgestellt worden. Damals hatte Kaiser Leopold I. bereits gelobt, er werde später, nach dem Ende der Seuche, eine prachtvolle Säule aus Stein stiften. Im Sommer 1680, als es dann endlich überstanden war, wurde ein großes Dankfest vor der hölzernen Pestsäule abgehalten. Auch damals predigte der Augustiner Abraham a Sancta Clara: „Danck und Denckzahl".

Es war aber nur ein kurzes Aufatmen, das der Wiener Bevölkerung nach der großen Pestepidemie blieb. Nur drei Jahre nach der Pestpredigt „Mercks Wienn" von Abraham a Sancta Clara wurde das Durchhaltevermögen der Stadt aufs Neue auf die Probe gestellt – bei der zweiten Türkenbelagerung 1683. Und wieder predigte Abraham a Sancta Clara: „Auff, auff, Ihr Christen! Das ist: Ein bewegliche Anfrischung der christlichen Waffen wider den Türckischen Bluet-Egel." Es heißt, dass diese flammende Rede dann auch Vorbild für die Kapuzinerpredigt in Schillers „Wallenstein" gewesen sei.

Während der Pest und der Türkenbelagerung war Abraham a Sancta Clara bereits Hofprediger des Kaisers und bekleidete das Amt des Priors in seinem Mutterkloster in Wien. Eigentlich war er Schwabe, war 1644 als Johann Ulrich Megerle in Kreenheinstetten bei Meßkirch geboren worden. Mit 18 Jahren war er dann in das Augustinerkloster Mariabrunn bei Wien eingetreten, wo er seinen Ordensnamen Abraham a Sancta Clara annahm und zum Priester geweiht wurde. Mit seiner derben, volksnahen und drastisch bildlichen Sprache wurde er schließlich zum berühmtesten Prediger seines Jahrhunderts. Selbst am Hofe Leopolds I. scheute er nicht davor zurück, Ausschweifungen und Unmoral anzuprangern – wobei er allerdings nie so weit ging, die Gottgewolltheit der Stände in Zweifel zu ziehen.

In der Pestpredigt „Mercks Wienn" – und nicht nur hier – zeugt Abraham a Sancta Clara aber auch von einem Geist, der in Europa später noch weit mehr Schrecken und Elend nach sich ziehen sollte: „Erstlich hat der Todt seinen Anfang genommen in der Leopoldstadt so vor etlichen Jahren wegen der schlimmen Inwohner die Judenstadt genannt ware."

Der Eisbär in der Rauhensteingasse

Christoph Ransmayr – „Die Schrecken des Eises und
der Finsternis" und das Buchgeschäft

Jene, die das Buch gelesen hatten, waren verblüfft ob unseres Ansinnens. Ausgerechnet in der Wiener Rauhensteingasse wollten wir nach Spuren suchen, die von Christoph Ransmayrs Roman „Die Schrecken des Eises und der Finsternis" geblieben seien? Denn auf Anhieb konnte sich niemand erinnern, dass sich unter diesem Titel hier im Innersten der Stadt etwas zugetragen habe.

Wenn wir gesagt hätten, wir würden in die Marineabteilung des Österreichischen Kriegsarchivs gehen, um dort nach dem zerschlissenen Logbuch der Admiral Tegetthoff oder den Briefen und Journalen Julius Peyers und Carl Weyprechts zu stöbern, dann hätte es keine Frage und kein Erstaunen gegeben. Auch ein Besuch der Kartensammlung in der Österreichischen Nationalbibliothek wäre vielen nachvollziehbar gewesen, wenn sie sich daran erinnerten, dass dort das Tagebuch des Maschinisten Otto Krisch und die Aufzeichnungen des Jägers Johann Haller aufbewahrt werden.

Denn diese Polarexpedition auf der Admiral Tegetthoff, die von Peyer und Weyprecht in den Jahren 1872 bis 1874 geleitet worden war, ist die historische Basis, die Ransmayr seinem Roman zugrunde gelegt hatte. Eine Fahrt, die eine bunt aus der österreichisch-ungarischen Monarchie zusammengewürfelte Mannschaft weit hinauf bis nördlich des 79. Breitengrades führte, wo ein unter Gletschern ruhender Archipel entdeckt wurde, der den Namen „Kaiser-Franz-Joseph-Land" erhielt. Österreichs erste und einzige Kolonie. Gleichzeitig war es ein Unternehmen, das dramatisch scheiterte, denn das Schiff, das durch die Nordost-Passage geführt werden sollte, wurde schließlich vom Packeis eingeschlossen. Die Teilnehmer der Nordpolexpedition marschierten noch weiter, erreichten in 82°51' ihren nördlichsten Punkt, um dann wieder zu ihren rettungslos eingeschlossenen Gefährten zurückzukehren. Die Tegetthoff müssen sie aufgeben und zurück, den letzten Proviant, die verbliebenen rettenden Ausrüstungsgegenstände in den Rettungsbooten über das Eis zerrend. Bis schließlich im letzten Moment das Eis sie entlässt, sie südostwärts segeln und rudern können. Die Teilnehmer der Expedition hatten Glück, denn der arktische Sommer des Jahres 1874 war mild wie selten zuvor und danach.

Dieser Hintergrund hätte uns durchaus zu jenen Stätten führen können, wo die Hinterlassenschaften der damaligen Expeditionsteilnehmer heute noch aufbewahrt werden. Aber die Rauhensteingasse im ersten Bezirk?

Die wird tatsächlich gleich am Anfang des Romans beiläufig nur erwähnt. Und zwar im Zusammenhang mit dem zweiten Handlungsstrang, den Ransmayr kunstvoll um den ersten, historischen, wob. Es ist die Geschichte des jungen Italieners Josef Mazzini, der in Wien lebt, nur gelegentlich arbeitet und ansonsten ein eher träumerisches Dasein führt. Ein etwas eigenwilliger Phantast, der Geschichten und Handlungen erfindet, sie aufzeichnet und dann nachprüft, ob sich in der Vergangenheit bereits Ähnliches zugetragen habe oder entsprechende Personen gelebt hätten. Es ist im Grunde genommen das, was Science Fiction-Autoren tun, „nur eben mit umgekehrter Zeitrichtung".

Dieser Mazzini nun stößt auf die Geschichte von Payer und Weyprecht und ist vom ersten Moment an gefangen genommen. Dieser Weg des Kennenlernens, des faszinierten Gefesseltwerdens beginnt in der innerstädtischen Gasse. „Ich habe Josef Mazzini in der Wohnung der Buchhändlerin Anna Koreth kennen gelernt", berichtet der Erzähler. Koreth sei eine Frau gewesen, die Studien über einen Stamm an der sibirischen Eismeerküste betrieben habe und sich in ihrem Geschäft auf ethnohistorische Reiseliteratur spezialisiert habe. „In ihrer dunklen, weitläufigen Wohnung an der Wiener Rauhensteingasse gab die Buchhändlerin gelegentlich Abendessen für die bessere Kundschaft." Und eines Tages habe sie bei einer derartigen Abendgesellschaft Mazzini als „ihren Josef" eingeführt.

Jener wiederum fand dann in den antiquarischen Beständen der Buchhandlung Koreth eine mehr als 100 Jahre alte Reisebeschreibung Julius Ritter von Payers von der österreichisch-ungarischen Nordpolexpedition. Mazzini, der Träumer, beginnt nun diese Fahrt in seinen Tagträumen nachzuerleben und bricht auf, um sie auch in der Wirklichkeit nachzuvollziehen. Die Spur Mazzinis verliert sich schließlich in der eisigen Welt von Spitzbergen.

So suchen wir nun in der Rauhensteingasse nach Spuren dieser Beschreibung. Die Existenz einiger dunkler und weitläufiger Wohnungen mag man sich sehr leicht hier vorstellen – aber ein Namensschild von Anna Koreth findet sich keines. Vielleicht verbirgt sie auch ihren Namen hinter einem dieser blanken, weiß gebliebenen Türglockenschilder. Oder aber sie ist von hier inzwischen fortgezogen.

Der Klang dieser Gasse wiederum hat auch schon andere hierher übersiedeln lassen. Ganz begeistert waren die Freimaurer, als sie von der Dorotheergasse zu dieser neuen Adresse zogen, um hier ihre abendlichen Gesellschaften abzuhalten: Jetzt prangt denn auch ein „rauer Stein" über einer Tür in dieser Gasse, noch dazu unter einer heiligen Zahl. Für die Freimaurer ist diese Symbolik eine besondere: „Rauhensteingasse" – der raue Stein, den es zu bearbeiten, zu veredeln gilt, so wie auch die Entwicklung des eigenen Lebens gestaltet sein will, wie man an sich selbst arbeiten sollte. Auch der Männerbund führt eine Buchhandlung, hier in der Gasse. Jene „zum rauen Stein". Doch eine Buchhändlerin bei den Freimaurern?

Gleich neben dieser maurerischen Buchhandlung befindet sich jene Stelle, an der eines ihrer berühmtesten Mitglieder aus dem Leben schied. Doch das Sterbehaus von Wolfgang Amadeus Mozart steht schon längst nicht mehr. An seiner Stelle wurde ein Gebäude errichtet, das nun die traurige Rückseite des Großkaufhauses „Steffl" bildet. Ein Geschäft, das einen für Wien großen Namen führt, den verniedlichten Spitznamen des Stephansdomes, und das gleichzeitig das steinerne Gedenken an ein anderes nationales, musikalisches Symbol endgültig aus der Welt rückte.

So sinnig diese freimaurerische Klammer in der Rauhensteingasse auch sein mag: Bei Ransmayr ist es nun einmal kein Männerbund, sondern eine Frau, die abendliche Gesellschaften gibt. Eine Buchhändlerin. Tatsächlich finden wir eine solche in der Rauhensteingasse, schräg gegenüber vom Mozart-Sterbe-Steffl-Haus. Nur wohnt diese Buch-

händlerin hier nicht – sie arbeitet hier. „Ewig schon", wie uns Franziska Schweizer in der Buchhandlung der „Spielzeugschachtel" versichert. „Seit 15 Jahren."

Hier im Spielzeuggeschäft finden sich auch schnell spielerische Zitate, die an Ransmayrs eisige Welt erinnern. Ein mächtiges hölzernes Spielzeugschiff etwa. Sowie der eine oder andere Eisbär. Die plüschigen Pinguine erinnern zwar ebenfalls an kühle Gegenden, aber die dürfen nicht gelten, da sie ausschließlich in der südlichen Hemisphäre leben.

Expeditionen würden auch sie begeistern, versichert uns Franziska Schweizer. Jedoch nur „im Buch. Selbst muss ich nicht dabei sein." So, wie sie auch „Die Schrecken des Eises und der Finsternis" gelesen habe, vor längerer Zeit schon. Bücher, Eisbärkuscheltiere, Spielzeugschiffe – das ist alles, was die Buchhändlerin im warmen Geschäft als Zitat vom Eismeer braucht. Sie selbst ziehe es eher „in Gegenden, wo es warm ist und wo auch andere Menschen sind".

Wieder draußen in der Rauhensteingasse, spricht uns eine Gruppe junger Tschechen an. Wir stehen noch einmal an jener Stelle, an der sich einst Mozarts Sterbehaus befand. Auf der Suche sind sie, die Touristen. Aber nicht nach historischen Orten oder gar nach Musikstücken und Opern, mit denen Mozart in Prag wohl seine schönsten Erfolge feiern durfte. „Where is a sport shop?" ist, was diese jungen Tschechen interessiert. So fixiert sind sie von ihrer sportlichen Suche, dass wir nicht einmal auf die Idee kommen, ihnen zu erzählen, dass auch Julius Ritter von Payer am 2. September 1841 als Sohn eines Rittmeisters in Schönau bei Teplitz in Böhmen geboren worden war. Und dass auch der erste Offizier, Proviantmeister Schifflieutenant Gustav Brosch aus Komotau in Böhmen stammte.

Die fröhlichen Touristen verabschieden sich von uns mit dem tschechischen „Ahoj". Auf die Frage, warum Tschechen eigentlich mit „Ahoj" grüßen, antwortete einer einmal trocken, aber nicht mehr nüchtern: „Weil wir kein Meer haben." Nun, wir Österreicher haben auch kein Meer mehr. Aber immerhin noch eine Marineabteilung im Kriegsarchiv.

Wir hatten übrigens auch bei Christoph Ransmayr selbst nachgefragt, ob es tatsächlich einmal eine Buchhändlerin in der Wiener Rauhensteingasse gegeben habe. Sie muss ja nicht unbedingt Anna Koreth geheißen haben. Einige Zeit später wurde uns dann Ransmayrs kurze und eindeutige Antwort

übermittelt: Die Rauhensteingasse sei eine rein fiktive Adresse. Es hat sich also dort nie ereignet, was er auf den ersten Seiten von „Die Schrecken des Eises und der Finsternis" beschrieb. Oder vielleicht doch – da wir es ja wie Mazzini nachträumen können?

Ransmayr war, als er uns die Antwort zukommen ließ, übrigens gerade erst von einer Eismeerfahrt zurückgekehrt. Wohlbehalten.

„Manchmal schreien die Gäste"

John Irving und das „Hotel New Hampshire"
in der Krugerstraße 11

Zweimal ums Eck von der Krugerstraße würde wohl kaum jemandem einfallen, einfach reinzuschneien und den Portier zu fragen: „Tschuldigung – war das einmal ein Puff?" So etwas fragt man im ebenso legendären wie noblen „Hotel Sacher" nicht. Auch zwei andere Ecken weiter, im ehrwürdigen „Bristol", wäre Derartiges undenkbar und in höchstem Maße anstößig.

Hier aber, zwei Straßenecken wieder retour, im „Hotel zur Wiener Staatsoper", grinst Frau Clivia am Empfang nur: „Na ja. So etwas wie ein Stundenhotel war es früher." Denn hier, im „Hotel zur Wiener Staatsoper" in der Krugerstraße 11 ist diese Frage mehr als legitim – sie drängt sich geradezu auf. Und Frau Clivia weiß, was unweigerlich als Nächstes abgefragt wird: „Wissen Sie, ob dieses Hotel das Vorbild für John Irvings ‚Hotel New Hampshire' war?" – „Natürlich", grinst sie noch breiter: „Das Einzige, was ich nicht bieten kann, ist ein Bär."

In Irvings Roman ist es das zweite „Hotel New Hampshire", das die Familie Berry in der Krugerstraße führte. In einem Stockwerk werkte „Das Journal des Symposiums über Ost-West-Beziehungen" – das waren die Radikalen. In einem anderen werkten die Prostituierten: Babette, Jolante, die Dunkle Inge und Kreisch-Annie. Beschützt wurden die von „Susie" – einer Frau im Bärenfell.

So führt in diesem nun längst anständigen Haus eine Frage zur nächsten: „Eine Kreisch-Annie werden Sie vermutlich

auch nicht mehr haben?" Das war jene Professionelle, über die Susie im Buch sagte: „Kreisch-Annie bringt den bestgetürkten Orgasmus der Branche." So gut war diese Screaming Annie manchmal, „dass selbst Susie ‚der Bär‘ reinfiel und vor sich hinbrummte: ‚Mein Gott, das muss ein echter sein‘."

Auch das kann Frau Clivia von ihren Gästen nun nicht mehr ganz bieten. Allerdings: „Manchmal schreien die anderen Gäste." Frau Clivia weiß längst, wie man auf derartige Fragen antwortet. Immer wieder kommen Touristen, wollen es ganz genau wissen. „Einmal wollte eine japanische Gruppe unbedingt ein bestimmtes Zimmer sehen. Andere haben sich sogar beschwert: ‚Wo ist der Bär?‘ "

Wer das Buch dieses sprachgewaltigen Amerikaners gelesen hat, weiß viel über Wien. Viel mehr, als so mancher Einheimische zu berichten wüsste. Irving-Fans wissen, wer Jeanette Heger war – nämlich „Schnitzlers ‚Süßes Mädel‘ ". Und auch, was die Zahl 464 in diesem Zusammenhang bedeutet: Denn so viele Liebesakte hätten Schnitzler und sein Süßes Mädel zwischen 1888 und 1889 geschafft.

In diesem Hotel aber wird das mit der geschäftigen Liebe inzwischen ein wenig anders gehandhabt. „Manchmal kommen schon noch ein paar ältere Herren von früher." Wobei Frau Clivia diese potenziellen Gäste nicht direkt wegschickt. „Von mir aus könnten sie ein Zimmer auch nur für eine Stunde haben – wenn sie für die ganze Nacht zahlen, ist mir alles recht." Und das waren mit Stand 2006 immerhin 79 bis 95 Euro die Stunde oder die Nacht fürs Einzelzimmer. 111 bis 140 Euro für das Doppelzimmer. Und für die ganz Wilden und Verruchten: 133 bis 160 Euro für das Dreibett-Zimmer.

Dass auf der Tür zum Frühstücksraum in alten Lettern nostalgisch „Schreib- und Lesezimmer" steht, ist übrigens nicht die einzige Äußerlichkeit, die dieses Haus auch jetzt noch ein wenig literarisch erscheinen lässt. Sogar der jetzige Name „Hotel zur Wiener Staatsoper" ist in Bezug auf das

„Hotel New Hampshire" eigentlich recht sinnig und stimmig. Schließlich wollten die Radikalen im Buch ja auch von hier zur Staatsoper fahren, um das Opernhaus in die Luft zu sprengen.

Und so kam natürlich auch ein Kamerateam des deutschen Fernsehens, um Teile ihrer Biografie von John Irving im Hotel zu drehen, erinnert sich die Besitzerin Claudia Neumann-Ungersböck. 2006 waren es ziemlich genau 30 Jahre, dass dieses Hotel im Besitz der Familie Ungersböck stand. Bei den Dreharbeiten des ZDF „ist dann ein Bär das Stiegenhaus heruntergekommen. Und ein Oldtimer war vor der Türe geparkt" – ganz so wie seinerzeit das Gefährt der Radikalen.

Im Roman ließ Irving seinen Helden sagen, er wolle die Krugerstraße nie wieder sehen, ganz gleich, wie sie sich verändert habe. Der Autor aber, der kehrte wieder. Und es war ein gänzlich anderes Wien, das John Irving im Februar 2006 besuchte. Seit der Zeit, in der das Buch spielte, war auch schon fast ein halbes Jahrhundert vergangen: Damals gab es [1957] in Wien Lücken zwischen den Gebäuden, ausgebrannte Gebäude, so wie die Bomben sie zurückgelassen hatten. Dieses Wien gibt es längst nur noch in Geschichts- und anderen Büchern.

Allerdings wusste Irving das schon sehr lange. Bereits im „Hotel New Hampshire" hatte der Erzähler im Buch berichtet, dass ihm später jemand erzählt habe, die Krugerstraße sei heute weitgehend eine Fußgängerzone, es gebe hier sogar zwei Hotels, ein Restaurant, eine Bar und ein Café, außerdem auch noch ein Kino und einen Schallplattenladen.

Auch hatte dem Ich-Erzähler im Roman jemand berichtet, dass die Krugerstraße heute todschick sei, auch wenn man das wirklich schwer glauben könne. Manches sei aber auch gleich geblieben, und das klinge weit glaubwürdiger, etwa die Post. Die Post überdauert eben.

Tatsächlich ist die Post eine der wenigen Institutionen in der Krugerstraße, die immer noch unverändert anzutreffen sind. Sonst gibt's jetzt ein China-Restaurant, einen Japaner, in der früheren Tramwaybar hat sich jetzt eine „Coffeeshop Company" eingenistet. Das erwähnte Kino, das Krugerkino, gibt es längst nicht mehr und es ist gewissermaßen ein literarischer Gruß, dass das Lokal darin jetzt ausgerechnet „Kruger's American Bar" heißt. Auch wenn sie es gewiss nicht als Irving'sche Reminiszenz so genannt haben mögen. Das Plattengeschäft ist – als Notenhandlung – geblieben und wurde sogar noch ergänzt durch das „Haus der Musik" am unteren Ende der Krugerstraße. Ja, ja, auch die Musik überdauert in Wien – manchmal schon fast ein wenig übertrieben.

Doch so akkurat die Informationen und Recherchen von Irving auch sein mögen – wenn er etwa die Kapuzinergruft eine „herzlose Gruft" nennt: Ein Detail stimmt längst nicht mehr, dass es nämlich, wie er sagt, noch immer Prostituierte in der Krugerstraße gebe, denn ihm brauche niemand zu erzählen, dass die Prostitution überdauere.

Mag sein, dass es in der Krugerstraße noch die eine oder andere Prostituierte gibt – aber nicht mehr so wie damals, als die „Grabennymphen" und die Kärntner-Straßen-Huren noch offen unterwegs waren. Damals, in den 60er Jahren des verwichenen Jahrhunderts, als Irving ein Jahr lang in Wien lebte, da mag er wohl wie wir Wiener Jugendlichen auch in der Kärntner Straße, am Graben oder eben in der Krugerstraße wie damals üblich angesprochen worden sein: „Gemma ficken?" Jetzt gibt es noch den einen oder anderen einschlägigen Klub in der einen oder anderen Seitengasse der Innenstadt. Aber nimmer in der Krugerstraße.

Gewiss überdauert die Prostitution in einer Stadt wie Wien. Und wie. Allerdings woanders. Später hieß es dann am Gürtel „machma was Schönes?". Oder jetzt, noch weiter draußen, in der Felberstraße, in der Hütteldorfer Straße oder im Prater – „na, Schatzi?". Doch davon später mehr, in anderen Kapiteln, beim „Reigen" und bei der Jelinek.

Irving berichtet vom Ende des Straßenstrichs in der Wiener Innenstadt: „Vom 17. November 1969 an, so wurde gemeldet, waren der Graben und die Kärntner Straße für die Prostituierten gesperrt – wie auch sämtliche Querstraßen der Kärntner Straße mit Ausnahme der Krugerstraße … Meiner Meinung nach gaben die Wiener schon vor 1969 jeden Versuch auf, die Krugerstraße zu retten". Wobei im Roman vermutet wird, ein Höhepunkt der Kreisch-Annie würde dahinter stecken: „Dieser getürkte Orgasmus erledigte die Krugerstraße."

„Ja, die Huren waren da – Gott sei Dank wurden sie von der Gemeinde verwiesen", erinnert sich einer, der Zeitzeuge war und ist – der damals schon, in den 60er Jahren, John Irving seinen Kaffee servierte, auch wenn er sich jetzt nicht im mindesten daran erinnert.

Friedrich Scharnagl. Er ist seit 55 Jahren im Kaffeehaus schräg gegenüber vom Hotel. Im Buch heißt es „Café Mowatt" und in ihm saßen gelegentlich die Huren – in Wirklichkeit war und ist es damals wie heute das Café Krugerhof auf der Nummer 8 der Krugerstraße. Eine der wenigen Kaffeehausinstitutionen in der Stadt, die überdauerte und nicht zu Tode saniert wurde. „Ja, ja, wir haben's vorsichtig ein bisserl erneuert", berichtet Scharnagl.

2006, bei seinem jüngsten Wien-Besuch, sei der Autor nicht hier vorbeigekommen, nur früher einmal, während eines anderen Wienbesuches. Aber damals, in den 60er Jahren? „Ich kann mich nicht an ihn erinnern", bekennt der rüstige Cafetier. Eher an die anderen amerikanischen Studenten, die in den 60er Jahren „sehr stark" präsent waren. Meist die Kinder reicher Eltern, „da war der Sohn eines Bierbrauers dabei", erinnert sich Scharnagl, „bei einem anderen gehörte dem Vater eine Eisenbahnlinie." Sein bester Freund sei damals der Sohn eines Mannes gewesen, der in den USA eine Lackfabrik sein Eigen nannte.

Auch jetzt kommen sie noch, die amerikanischen Studenten, berichtet der Betreiber des Café Krugerhof, „aber die haben kein Geld mehr. Gestern war wieder einmal so eine Klasse da mit ihrem Professor. Als Erstes wird die Karte studiert und was da draufsteht, erklärt. Die lernen schon was, wenn sie ein Jahr da sind."

Aber für die interessiert sich niemand – zumindest jetzt nicht, solange sie noch keine Romane veröffentlichen. Nur nach dem John Irving fragen sie immer wieder: „Wo ist er gesessen? Was hat er gegessen?", wird Scharnagl immer wieder angesprochen. „Also wenn er irgendwas bestellt haben sollte, dann Würstel. Viel mehr haben wir ja gar nicht auf der Karte gehabt, damals."

Da huscht ein Kleinwüchsiger an Scharnagl vorbei und bestellt: „Ein Paar Frankfurter." Als wäre er gerade vom

„Hotel New Hampshire" herüberspaziert: „Wir sahen zu, wie der blinde Gnom meinen Vater umarmte; wir sahen ihren linkischen Tanz in der schäbigen Halle des Gasthauses Freud."

Alles ist anders – und doch wieder nichts. Für einen wie John Irving überdauerte sogar das Angesprochenwerden in der Wiener Innenstadt. Selbst wenn die Huren fehlen. „Auf dem kurzen Weg von meinem Hotel in das Kaffeehaus bin ich fünf-mal erkannt und angesprochen worden", berichtete der in-zwischen weltbekannte Autor im Februar 2006 während seines Wien-Besuches. „In Amerika könnte ich zwei Monate lang spazieren gehen und kein Mensch würde mich erkennen."

Die Amerikaner aber, die ihn kennen – die pilgern nach Wien. In die Krugerstraße.

Das Sirk ist an der falschen Ecke

Karl Kraus und „Die letzten Tage der Menschheit"
auf dem Ringstraßenkorso

Es ist der Ort, wo es seinen Anfang nimmt – das Ende. Eine Ecke, an der er beginnt, der Untergang. „Wien. Ringstraßenkorso. Sirk-Ecke. Ein Sommerfeiertagabend. Leben und Treiben. Es bilden sich Gruppen", lautet die allererste Regieanweisung in den „Letzten Tagen der Menschheit" von Karl Kraus. Es ist der Moment, an dem der Zeitungsverkäufer marktschreierisch den Tod des Thronfolgers und die Verhaftung des Täters verkündet. Und bereits die erste Reaktion eröffnet uns die volle Tiefe der wienerischen Seele: „Gottlob kein Jud." Es ist das Wien, in dem sie auf so eine Nachricht erst einmal reagieren, in dem sie sich fragen, ob sie in „die Gartenbau" gehen sollen – aber die ist ja geschlossen. Der erste Kommentar zu dem, was passiert ist, was nun passieren muss: „A bisserl a Aufmischung – gar nicht schlecht – kann gar nicht schaden – höxte Zeit" – „bist halt a Feschak."

Der Ringstraßenkorso, das war damals, zur Zeit der sich neigenden Monarchie, jenes Straßenstück, auf dem man flanierte; sehen und gesehen werden, fesch sein, das war der Zweck. Der Ort, an dem man sich traf, den sie meist als Treffpunkt ausmachten, war die Sirk-Ecke, am Ring, gegenüber der Oper. Die „Potenz-Ecken" nennen die Offiziere in den „Letzten Tagen der Menschheit" diesen Treffpunkt. Von hier promenierte man dann zum Schwarzenbergplatz und wieder retour. Oder man zog weiter zur Gartenbau. Oder man fuhr nach „Venedig" – damals die Venediger Au im Prater,

wo noch das künstliche Venedig der großen Wiener Weltausstellung stand mit künstlichen Kanälen und allem, was
dazugehört.

Auch in dem Theaterstück, dessen Aufführung Karl Kraus
eigentlich einem „Marstheater" zugedacht hatte, da es
ungekürzt wohl etwa zehn Abende in Anspruch nehmen
würde, dies auf die Bühne zu bringen – auch in diesem Drama
also kehrt Kraus immer wieder an diese Sirk-Ecke zurück,
selbst wie ein Promenierender, ein durch den Wahnwitz
spazierender Beobachter des Weltenbrandes.

Schon beim zweiten Besuch des Chronisten, „etliche
Wochen später", ist er voll ausgebrochen, der Hurra-
Patriotismus des angehenden Krieges – „Vorbeimarschierende
Soldaten werden bejubelt. Allgemeine Erregung. Es bilden
sich Gruppen". Im Kriegstaumel wissen sie manchmal nicht,
was sie jetzt mit „Hoch!"- und „Nieda!"-Rufen bedenken
sollen. Serbien oder Habsburg. Damals wurde rasch gedichtet:
„Serbien muss sterbien", „jeder Russ – an Schuss", „jeder
Franzos – an Stoss", „jeder Britt – an Tritt." Da wurde gesungen: „Die Russen und die Serben – die hauen wir in
Scherben!" Da hieß es schnell: „Zwa Franzosen! Reden S'
deutsch! Hauts es! Mir san in Wean!" Die werden schnell in ein
Durchhaus verscheucht, und dann heißt es generös: „Loßts es
gehen!" Mir san net aso!" Vor allem, wenn sich dann auch
noch herausstellt, dass die „Franzosen" einen Fez auf dem Kof
haben, daher Türken und also „Bundesgenossen!" sind:
„Holts es ein und singts den Prinz Eugen!"

Mehr als 90 Jahre später stört es an der Ringstraßenecke
gegenüber der Oper keinen mehr, wenn sich Touristen auf
Französisch oder Englisch unterhalten. Da ist es eher wieder
das Türkische, an dem man sich reibt. Da wird gegen die
ehemaligen „Bundesgenossen" zu Felde gezogen, wenn in
Wahlkämpfen plakatiert wird: „Pummerin statt Muezzin!" und
„Herr im eigenen Haus bleiben".

Die englisch- und französischsprachigen Touristen aber, die werden in keinen Hausdurchgang mehr getrieben – höchstens in das nächste Souvenirgeschäft. Doch dort, an der originalen „Sirk-Ecke", werden die Schlagzeilen der „Extraausgabe" nicht mehr lautstark ausgerufen. Die Zeitungen stecken am Kiosk. Auch dieser bietet Kaiserzeit-sentimentale Souvenirs an. Da prangt der Franzl Joseph auf dem Löffel und die Sisi auf dem Häferl. Die Monarchie ist jetzt ein Geschäft und ob Franzosen, Italiener, Russen oder Engländer hier einkaufen, ist egal.

Wenn die Scharen der japanischen Reisegruppen im Rahmen ihrer kurztägigen Wienbesuche vorbeiströmen – da kommt es niemandem mehr in den Sinn, ihnen nachzurufen:

„Japaner san a no in Wean! Aufhängen sollt ma die Bagasch bei ihnare Zöpf!". Aufgehängt werden nur der Strauß Schani, der Schubert Franzl und der Mozart Wolferl, die sie allesamt als Andenken mit nach Hause nehmen sollen. Auch wenn vielleicht immer noch einige in Wien wie bei Kraus der Meinung sein sollten: „Alle Kineser san Japaner!"

Ja, es strömen wie damals die Menschenmengen hin und wieder retour – aber nur wenige kommen auf den Geschmack, über die viel befahrene Ringstraße zum Schwarzenbergplatz und wieder retour zu flanieren. Die heutigen Besichtigungstouren führen die Menge vielmehr von der Oper über die Fußgängerzone stadteinwärts zum „Steffl", sprich zum Stephansdom, und oder retour.

Das sind die Gäste, die Fremden. Doch hat sich auch die Wiener Mentalität in diesen fast schon 100 Jahren verändert und marschiert nun in andere Richtungen? Solche, die „rauf gehen und sich's richten" gibt es in Wien immer noch zuhauf. Auch Prostituierte und „Pülcher" (für alle des Wienerischen nicht so Mächtigen: Zuhälter) werden heute noch bei der Kärntner Straße vorbeikommen, und es würde nicht verwundern, würden die in Streit geraten und sich beschimpfen: „Sie wolln a Padriodin sein? A Hur san S', mirken S' Ihnen das!" – „A Taschelzieher san S'!" – „A so a Schlampen!"

Je öfter Kraus zu chronistischen Besuchen an die Sirk-Ecke zurückkehrt, desto mehr verändert sich der Auftritt. Später besteht das Publikum bereits „in der überwiegenden Mehrzahl aus galizischen Flüchtlingen, Schiebern, Berufsoffizieren auf Urlaub" – und aus „wehrfähigen Zivilisten, die sich's gerichtet haben". Noch ein Weilchen später besteht das Publikum aus „Larven und Lemuren. Es bilden sich Gruppen." Doch immer noch haben die Wiener ihre eigene kleine Welt im Bewusstsein. Wenn der Zeitungsverkäufer ausruft „Fenädig pompatiert!", hieß es damals gleich: „Bin auch erschrocken – bist auch erschrocken – weißt es is nur das andere." Das echte Venedig nämlich. Und Gott sei Dank für die Wiener nicht das Kleinvenedig. Bombardiert wurde die Venediger Au im Ersten Weltkrieg nicht – doch der wienerische Nachbau ist inzwischen längst verschwunden, während das seinerzeit bombardierte Original überdauerte.

Die Sirk-Ecke selbst hat sich in den mehr als neun Jahrzehnten, die ins Land und durch die Stadt zogen, in einem wichtigen Detail verändert: Das Sirk, das dem Eck seinen Namen gab, befindet sich schon lange nicht mehr da, wo es die Kraus'schen Regieanweisungen angeben.

Der Schriftzug „Sirk" findet sich noch gegenüber der Staatsoper – aber einen ganzen Häuserblock vom Ring abgerückt. Dort ist auch ein Eck – aber das ist ausgesprochen rund und lädt in einem schönen Bogen zum Restaurant-Besuch ein. Zwischen dem Sirk-Eck in den „Letzten Tagen der Menschheit" und der heutigen Sirk-Eck-Rundung befindet sich der Straßenblock des „Hotel Bristol". Dort, wo sie sich einst in der Monarchie zum Flanieren trafen, bietet nun ein Backwarengeschäft seine krachfrischen Kaisersemmerln an.

„Ja, ja, das ursprüngliche Sirk war früher vorne an der Ringstraßenecke, wo jetzt die Bäckerei ist", weiß der Kellner hinten im nunmehrigen Sirk-Lokal Bescheid. Heutzutage verbinden alle in der Stadt mit dem „Sirk" selbstverständlich das gleichnamige Restaurant. Aber das war es damals keineswegs – sondern ein Lederwarengeschäft – wie die Unterlagen im heutigen „Sirk" belegen. Im 19. Jahrhundert wurde dies zum ersten Mal erwähnt; jenes alte und ursprüngliche Geschäft wurde von August Sirk betrieben, der sogar ein k.u.k. Dekret erhalten hatte, wonach er diesen Standort ganz offiziell und amtlich „Sirk-Ecke" benennen durfte. Und das mit den ausländischen Gästen war auch damals, in der noch friedlichen Monarchie, bereits ein Thema: „August Sirk zum Touristen" stand auf dem historischen Schild.

Dann, inmitten des Untergangs, kehrt Karl Kraus noch einmal, ein letztes Mal an die Sirk-Ecke zurück. „Es regnet von unten. Tonloses Starren des Rudels Böcke. Spalier der Verwundeten und Toten", lautet die bereits surreale Regieanweisung. „Wir nähern uns dem Riesen mit Friedensschritten", heißt es dann schon. Und: „Stier is heut." Warum? „Heut sind keine Menscher." Genauer gesagt: „Der Strich is wie ausgestorben."

So sehr kann sich Wien also auch Jahrzehnte nach dem ersten großen Untergang nicht geändert haben. Wenn's so richtig vaterländisch wird und wenn die große Propaganda kommt, ertönte schon früher die Stimme aus der Menge: „Leckmiimoasch!"

Auf Wienerisch klingt das irgendwie bewundernd.

Ein Hasenfuß auf dem Kutschbock

Robert Musil – „Der Mann ohne Eigenschaften"
besucht die Hofburg

Die Fiakerkutscher auf dem Michaelerplatz rühren sich nicht. Die Hitze hat sie wie für die Ewigkeit fixiert. Verewigt wurden sie überdies schon vor langer, „kakanischer" Zeit, von Robert Musil im „Mann ohne Eigenschaften". Auch damals war es schön und heiß, im August des Jahres 1913. Aber das rührt sie heute auch nicht sonderlich, die Michaelerplatz-kutscher.

Dieses „Kakanien" leitet sich ab von der versunkenen Monarchie, dessen Einrichtungen, wie Musil uns erinnert, das eine Mal k.k. und dann wiederum k.u.k. waren. Ersteres stand für kaiserlich-königlich, zweiteres hingegen für kaiserlich und königlich. Laut Musil habe es schon einer Geheimwissenschaft bedurft, jeweils unterscheiden zu können, was nun k.k. und was k.u.k. zu rufen gewesen sei. Musil ist im Übrigen der Meinung, dass dieses Kakanien wahrscheinlich daran zugrunde gegangen sei, dass es vielleicht doch ein Land für Genies gewesen sei.

Das wiederum sind unsere Kutscher mit Gewissheit nicht und das Ereignis nun, in dem sie von Musil verewigt wurden, trug sich zu, als Ulrich – die eigenschaftslose Hauptfigur dieses Werkes, der aus Rücksicht auf seinen Vater nie mit Nachnamen genannt wird –, als dieser Ulrich nun sich in die Hofburg begab und dort mit der „großen vater-ländischen Aktion" in Berührung kam. Dort, im Zentrum der sich schon neigenden kakanischen Macht, wurde das

Einführungsschreiben aufgesetzt, das Ulrich für die „Parallelaktion" tätig werden ließ. Eine Aktion, die in weiser Voraus-
sicht bereits fünf Jahre vor dem vorzubereitenden Ereignis ins
Leben gerufen worden war.

Es war nämlich nicht nur Ulrichs Vater aufgefallen, dass im
Jahre 1918 in Deutschland bereits am 15. Juni das dann
eingetretene 30-jährige Regierungsjubiläum von Kaiser
Wilhelm II. gefeiert werden würde, und man wisse aus zuver-
lässiger Quelle, dass für diese Feier, die der Welt die Größe und
Macht Deutschlands ins Gedächtnis prägen sollte, bereits
Vorbereitungen getroffen würden. So schrieb Ulrichs Vater
seinem Sohn. Im selben Jahr aber würde auch der österreichische Kaiser das 70-jährige Jubiläum seiner Thronbesteigung
feiern – ein Ereignis, das aber leider erst am 2. Dezember
stattgefunden habe. Somit hätten die Österreicher zwar das
weit eindrucksvollere Jubiläum, aber gegenüber den früher
feiernden Deutschen trotzdem das Nachsehen, „da der 2. 12.
natürlich durch nichts vor den 15. 6. gerückt werden könnte".
Daher waren findige Geister auf die Idee gekommen, das
gesamte Jahr 1918 „zu einem Jubiläumsjahr unseres
Friedenskaisers auszugestalten". Die Vorbereitungen dafür
wurden eben die „große vaterländische Aktion" genannt und,
angesichts der gleichzeitig laufenden Vorbereitungen in
Deutschland, auch „Parallelaktion".

Ein Unterfangen, das durch den Lauf der Geschichte
hinweggefegt wurde, da ja Kaiser Franz Joseph I. erstens bei
Gott nicht als „Friedenskaiser" endete und gemeinsam mit
Kaiser Wilhelm II. sein Reich in das große Weltengemetzel
führte. Und weil er zweitens sein 70-jähriges Regentschafts-
jubiläum gar nicht mehr erlebte und sein Nachfolger zu
diesem Zeitpunkt sich bereits anschickte, den Habsburger-
Thron zu verlassen.

Eine wienerische Spezialität, zweifellos, dieses weit voraus-
schauende und letztlich dann sinnlose Planen, die dieser Stadt

erhalten geblieben ist – wenn man bedenkt, dass in den sich neigenden 80er Jahren des 20. Jahrhunderts bereits für 1995 eine große Weltausstellung geplant wurde, die gemeinsam mit der historisch verbundenen Schwesterstadt Budapest durchgeführt werden sollte und, so das Ansinnen, auch den damals noch real existierenden Eisernen Vorhang überwinden und somit neue Wege für Gemeinsames eröffnen sollte. „Brücken in die Zukunft" wurde das Vorhaben genannt. Die Verantwortlichen hatten wohl erspürt, dass da Wegweisendes in der Luft lag – die Wiener Bevölkerung hatte jedoch nicht in gleichem Maße einen solchen „G'spürer" und daher wurde die „Expo" genannte Weltausstellung bei einer Volksbefragung knapp abgelehnt, während gleichzeitig dem Bau eines neuen Wasserkraftwerkes in der Donau eine überwältigende Zustimmung erteilt wurde. All dies erübrigte sich ohnehin, da auch ganz ohne Expo-Schub die historischen Ereignisse über Österreich und Ungarn erneut hinwegfegten, die Jahrzehnte des Eisernen Vorhanges beendeten und Wien aus seiner Randlage im von Osteuropa umschlossenen westeuropäischen Zipfel befreiten. Immerhin erhielt die Stadt aber als Ergebnis der ganzen Weltausstellungsplanerei einen ganzen neuen Stadtteil an der Donau, der auch gleich „Donau-City" genannt wurde und ein zweites Zentrum für die Stadt werden sollte. Dies vor allem, um das alte historische Zentrum vom „Bürodruck" zu entlasten. Eine Art stadtplanerische Parallelaktion also.

Das alles konnte Ulrich natürlich nicht im Entferntesten erahnen, als er in Musils Roman in die Hofburg fuhr, um für die „Parallelaktion" tätig zu werden. Zu seinem Ärger und Erstaunen hielt der Wagen schon im äußeren Burghof an, berichtet uns Musil. Dort habe der Kutscher begehrt, abgelohnt zu werden, da er zwar durch die Hofburg durchfahren, aber im inneren Hof keinesfalls mehr stehen bleiben dürfe. „Ulrich ärgerte sich über den Kutscher, den er für einen

Schwindler und einen Hasenfuß hielt." Er versuchte ihn noch anzutreiben, „aber er verblieb ohnmächtig gegenüber dessen ängstlicher Weigerung, und plötzlich fühlte er in ihr die Ausstrahlung einer Gewalt, die mächtiger war als er."

Ein ängstlicher Kutscher in der Wiener Innenstadt – eine für heutige Verhältnisse im höchsten Maße unglaubwürdige Erscheinung, wissen wir doch von den täglichen Begegnungen nur allzu gut, dass die Fiaker wohl zu der mutigsten Berufsgruppe überhaupt zählen und sich den Vorschriften der Straßenverkehrsordnung geradezu wagemutig, um nicht zu sagen Wagen-mutig, widersetzen. Und sei es nur, dass mit regelmäßiger Gewissheit eine „Anhaltepflicht vor dem Schutzweg" von ihren Gespannen geradezu überrollt wird.

Wie viele Anläufe wurden nicht schon unternommen, den im Dienste des Tourismus stehenden Kutschern nahe zu bringen, dass ihre Tiere ihre Routen durch die Stadt nicht einfach mit ihren Knödeln des Biodurchsatzes verunzieren können – und dass die Fiaker sich gefälligst selbst um deren Beseitigung zu kümmern hätten. Sogar „Windeln" wurden den Fiakerpferden bereits vorgeschrieben, amtsneudeutsch auch „pooh-bags" genannt. Auffang-Säcke, in die die Kutschpferde zielsicher hineinapfeln sollten. Die wurden Pflicht – und wenn die Windeln nicht angelegt würden, müssten die Fiaker jedenfalls nach erfolgter Knödelung anhalten und die Entladung wieder einladen. Oder aber dafür sorgen, dass gleich hinter ihnen ein Putzauto den Kot einbeserlt.

Vorschriften, die sich angesichts der unerschrockenen, ja wagemutigen Renitenz der Fiakerzunft als fromme Wünsche erweisen, denn es wird nach wie vor in den Gassen und Straßen der Inneren Stadt herumgeknödelt, wie es grad kommt, daran prallen auch regelmäßig durchgeführte Schwerpunktaktionen mit schöner Regelmäßigkeit ab. Pferdeäpfel sind offenkundig eine wienerische Naturgesetzlichkeit und als Einwohner muss man sein Leben nun einmal darauf einrichten, dass vor allem sommers der auf der Straße zermatschte Pferdekot gelegentlich von einem Reinigungsfahrzeug erst aufgespritzt und dann mit automatisch rotierenden Beserln gründlich gequirlt und dabei zwar nicht als Feinstaub, aber doch als Feinkot im Luftraum der Inneren Stadt verteilt wird.

Wir nähern uns daher mit gehörigem Respekt den drei in einer Kutsche lungernden Fiakern auf dem Michaelerplatz. Nach kurzem, fast ehrfürchtigem Zaudern richten wir unsere Frage an die drei Kutscher: Ob sie einen ängstlichen Fiaker kennen würden, das klänge doch heutzutage ein wenig unwahrscheinlich, was Musil da schreibe.

Die Reaktion ist zunächst einmal – gar keine. Dann aber dreht der Eine leicht und ansatzweise nur den Kopf in Richtung Fragesteller – nicht zur Gänze: „Geh bitte, schau uns an: gescheiterte Existenzen am Rande des Abgrunds", grinst er vor sich hin. „I bin a reines Nervenbündel", stimmt ein Zweiter mit ein. „I geh eh scho' in Therapie", meint dann der Dritte: „Da bin i ganz beim Musil."

Dann, wieder langsam und der Sommerhitze entsprechend gemächlich, dreht sich ein Kopf in die andere Richtung, hin zum Ende der langen Fiakerwarteschlange: „Schau den do drüben. Der is a Paradebeispiel, unser Nervenpackl. Der braucht zwamoi den Häuselschlüssel, bevor er amoi ausfahrt."

Und da auf einmal spüren auch wir, was Ulrich verspürte: eine Gewalt, die stärker ist als wir. Doch die Autorität des Kaisers kann das kaum mehr sein. Und dass jene Macht des nun amtierenden Staatsoberhauptes hinunter zu dem Kutschvolk diffundiert wäre, mag auch nicht sein, die wäre weit nobler, väterlicher.

Auch dem wollen wir nachgehen und nähern uns dem Ballhausplatz, an dem noch immer die Macht des weit kleineren Reiches sich bündelt. Unterwegs fallen auch uns wie damals Ulrich die zahlreichen roten, blauen, weißen und gelben Gewandungen auf. Doch sind es längst nicht mehr militärische Röcke, Hosen und Helmbüsche. Und anstelle der Tornister sind es Rucksäcke der Touristen, die getragen werden.

Beim Amtssitz des Bundespräsidenten angekommen, versuchen wir das Undenkbare: Wir wollen unangemeldet und ungeladen einfach das anschauen, was im „Mann ohne Eigenschaften" beschrieben wurde: Dort wurde Ulrich „über Treppen und Gänge, durch Zimmer und Säle geführt ... Er stellte fest, dass er durch ein großes Gehäuse mit wenig Inhalt gehe; die Säle waren fast unmöbliert, aber dieser leere Geschmack hatte nicht die Bitterkeit eines großen Stils..."

Auch wenn Bundespräsident Heinz Fischer noch vor seinem Amtsantritt gelobt hatte, er wolle die Hofburg „öffnen", ist es nur das Natürlichste der hofetikettierten Welt, dass wir an der von Bestimmtheit getragenen Milde des Wachorgans scheitern. Genau wie bei Musil müssen wir bekennen: Obgleich auch wir leidlich gut gekleidet sind, fühlen wir uns von jedem Blick, der uns begegnet, „vollkommen richtig eingeschätzt". Und der Blick des Polizisten erkennt den Schalk unseres Ansinnens.

Von anderen, offiziellen Anlässen wissen wir aber auch sehr gut, dass dieses Gehäuse mit wenig Inhalt dort oben nach wie vor existent ist. Es sind lange sich hinstreckende, kaum möblierte Gänge der Pracht, durch die man zu den Empfängen des Staatsoberhauptes schreitet. Von Raum zu Raum fühlt man sich da mehr und mehr zum Bürger werdend, der sich nur mit Respekt und Demut dem Herrscher zu nähern wagt. Bis man schließlich im letzten Raum dieser Gangfolge angelangt ist und dort gebührliche Zeit auf den herrschaftlichen Auftritt des Präsidenten wartet.

Dann aber ereignet sich jedes Mal etwas Eigenartiges, das wie eine Inversion der Machtverhältnisse erscheint. Denn während man von der Gangpracht eingestimmt das Öffnen von Flügeltüren und vielleicht noch die Ankündigung durch einen Bediensteten erwartet – öffnet sich dann einfach eine kleine Tapetentüre, die aussieht, als würde sie zu einem Kämmerchen führen. Und in dieser kleinen Kammerltüre erscheint Heinz Fischer in seiner guten Güte.

So, als hätten sich die Herrscher Österreichs nach dem Verlust des großen Reiches sogar in ihrem Auftritt den neuen Gegebenheiten angepasst.

Braune Kacke am Heldenplatz

*Miguel Herz-Kestranek – „wos wea wo waun
wia en wean" und die Hunde*

Die Wiener biegen ja ihre Geschichte meist so zurecht, dass
es immer schön „gmiatlich" bleibt. Und da kann es natürlich
auch für den Hitler und den Heldenplatz keine Ausnahme
geben. Was das „Goldene Wienerherz" aus dem „Anschluss"
im Jahr 1938 und der großen Kundgebung Hitlers auf dem
Wiener Heldenplatz so macht, beschreibt Miguel Herz-
Kestranek, selbst ein Kind vor den Nazis geflüchteter Eltern,
in seinem Gedicht „wia en wean da hiddla kuman is".

Denn eigentlich, so die Interpretation des güldenen
Herzens, „woedens eam olle glei wida aussehaun". Doch dieses Raushaun, dieses Hinauswerfen, habe sich recht schwierig
gestaltet – da sich Hitler in Wien versteckt habe. Auf dem
Balkon. Und da seien alle Wiener herumgelaufen, hätten ge-
schaut, ob sie ihn nicht irgendwo finden, den Hitler. Doch der
habe sich gut versteckt gehabt, auf dem Balkon der Wiener
Hofburg. Dann aber, als sie ihn dort entdeckt hätten, die
Wienerinnen und Wiener, seien alle zusammengelaufen auf
dem Heldenplatz und hätten mit den Händen hinaufgezeigt,
auf den Balkon: „do isa – do isa – do isa".

Dies alles sei verbürgt, so der Schluss des Gedichtes, „dafau
gibds fotos".

68 Jahre später beherrscht ein anderes braunes Thema
Wien und den Heldenplatz. Und es ist nicht jener Politiker,
der im Frühjahr des Jahres 2006 noch – oder schon wieder –
eine Parteitagsrede mit „Heil!" beendete, was die Gemüter

erhitzte. Es ist vielmehr der Kot der Hunde, es sind die Hundstrümmerln, die die Wienerinnen und Wiener bewegen.

Eine einfache Mutter war es, die eine Unterschriftenaktion und eine Internetseite ins Leben rief, mit deren Hilfe das Hundewürstel-Problem in der Stadt nachhaltig beseitigt werden sollte, so die keusche Hoffnung. Sie hatte es einfach satt, dass ihre Kinder quasi Aug in Würstel mit dem Biodurchsatz der Hunde aufwachsen mussten. Zigtausende Menschen unterschrieben die Unterschriftenaktion und eine regelrechte Volksbewegung manifestierte sich, auf dass die Scheiße endlich von der Straße und vor allem vom Gehsteig und von den Kinderspielplätzen verschwände. Das gab einen Empfang und gewichtige Unterredungen beim Bürgermeister und der für die Kacke zuständigen Umweltstadträtin. Neue Initiativen solle es geben, eine „Kampagne" müsse ins Leben gerufen werden, eine richtig große, die zum Umdenken und Umkehren und Aufkehren anregt.

Und ein Politiker sagt auf einem Parteitag derweilen einfach „Heil!".

Nein, es sind nicht mehr die Nazis, die den Wiener Heldenplatz bevölkern. Zuletzt waren es vielmehr die Massen, die sich zu einem „Lichtermeer" gegen Rassismus und Rechtsradikalismus dort trafen. Und wenn diese einmalige Demonstration der Menschlichkeit auch schon wieder einige Jahre her ist, kann man schon noch stolz drauf sein. Was aber tagtäglich auf dem Heldenplatz unterwegs ist und dort seine Spuren hinterlässt, sind nun einmal die Hunde und ihre braune Kacke. Das bewegt die Bürger. Das bewegt auch einen Altbürgermeister – allerdings unter etwas anderen Vorzeichen.

Ebenfalls im Frühjahr 2006 wurde dem Wiener Altbürgermeister Helmut Zilk wegen akuter Herzprobleme ein Herzschrittmacher eingesetzt. Danach musste er einige Tage in künstlichen Tiefschlaf versetzt werden. Und was sagte

Zilk als Erstes, als er aus diesem Tiefschlaf langsam und vorsichtig wieder erweckt wurde?

„Wo is der Foxl?"

Nicht nur die ihn behandelnden Ärzte, sondern auch Zilkens Frau, Musical- und Operettenstar Dagmar Koller, rätselten tagelang, wer oder was denn dieser „Foxl" sein könne, nach dem Zilk nicht nur nach dem Erwachen, sondern auch in den Tagen danach immer wieder verlangt haben soll. Bis sich schließlich herausstellte: Zilk vermisste den Hund aus dem Geschäft gegenüber seines Wohnhauses in der Wiener Innenstadt. Nun hat Zilk später zwar erklärt, das alles habe sein Nachfolger Michael Häupl erfunden, damit er bei einem Landesparteitag der Wiener Sozialdemokraten etwas zu erzählen habe. Aber wie auch immer: Den Hund von gegenüber, den liebte Zilk lange schon.

Nun heißt dieser Hund, dem Zilkens Herz gehört, zwar auch nicht „Foxl", sondern eigentlich „Jolly" – doch er ist der Nachfolger eines ganz besonderen, in der Wiener Innenstadt geradezu legendären Hundes.

„Seppi" war der Name des Rauhaardackels, der früher im Geschäft gegenüber dem Zilk'schen Wohnhaus residierte. Das tat er aber jeweils für kurze Zeit, denn eigentlich war „Seppi" stets unterwegs, schlawienerte ganz alleine von seiner Gasse hinüber zum Heldenplatz, um dort „zu spielen", wie sein Frauerl sagte. Und das hieß, dass er in Wirklichkeit seinen weiblichen Artgenossinnen nachjapste. Einmal, so hieß es, habe er sogar das Objekt seiner Begierde bis in ein feines Wäschegeschäft in der Wiener City verfolgt und sei ihr dortselbst sogar bis in den hintersten Winkel einer Umkleidekabine nachgestiegen. Dass „Seppi" stets alleine in der Wiener Fußgängerzone unterwegs war und auf dem Heldenplatz sein Geschäftchen verrichtete, verwunderte niemanden. So bekannt war er sogar, dass selbst sein Frauerl nur noch „Frau Seppi" genannt wurde.

Der Rauhaardackel wurde zwar geradezu methusalemisch alt – doch dann ereilte ihm ein typisch wienerisches Hundeschicksal: Ein Taxifahrer hat ihn auf dem Gewissen.

Jetzt also residiert „Jolly", Seppis Nachfolger, im selben Geschäft in der Wiener Innenstadt und tut dies in Permanenz. Beim Betreten des Geschäftes knurrt er ein wenig, bellt kurz auf. „Die Manderln mag er net", erklärt sein Frauerl. Wie auch „Seppi" schon zieht es auch den Mischling „Jolly" nur zum Weiblichen hin. Doch die sind draußen – und „Jolly" muss drinnen bleiben. Die Zeiten haben sich halt nachhaltig geändert, und wenn gar Zigtausende Menschen eine Petition gegen den Hundekot unterschreiben, ist es nicht ratsam, seinen auch noch so gutmütigen Hund alleine streunen zu lassen. „Er tät schon, wenn er könnt'", weiß das Frauerl von „Jolly" – sie ist im Übrigen die Tochter von „Frau Seppi". Doch da „Jolly" schon zwei Mal von der Polizei von seinen Streifzügen ins Geschäft mit den antiquarischen Schmuckstücken zurückgebracht wurde, weiß sie nun, dass er besser nicht darf, was er gern tät. Und so darf „Jolly" nur dann mit, wenn sein Frauerl selbst unterwegs ist. Wenn sie laufen geht, wie es so schön heißt, dann rennt er neben ihr her – zwei, drei Stunden lang, wenn's sein muss, und das mit Freude.

Da er ansonsten aber immer im Geschäft bleibt, wird „Jolly" auch nie so legendär werden wie sein Vorgänger – und die Tochter von „Frau Seppi" wird nie „Frau Jolly" heißen.

Doch die Zuneigung des Altbürgermeisters ist ihm gewiss. Der sei regelmäßig vorbeigekommen, habe ihn gestreichelt und gesagt, wie gescheit er denn nicht sei. „Bist du g'scheit?", fragt ihn sein Frauerl – Jolly hält den Kopf ein wenig schief und antwortet nichts, was als Zustimmung gewertet werden kann.

Bei solcher G'scheitheit macht „Jolly" sicher nicht einfach nur auf den Gehsteig oder mitten in die Fußgängerzone. Wegen „Jolly" müsste es keine Petitionen erzürnter Mütter geben.

Aber es gibt eben auch andere in Wien und viele andere Hundebesitzer, die einfach koten lassen, wenn's grad drängt. Auch von denen kündete schon längst vor der großen Unterschriftenaktion ebenfalls Miguel Herz-Kestranek:

„wo en wean a hund hinscheissd – scheissda hi", heißt es in einem anderen Gedicht. Und wo in Wien ein Hund nicht seine Notdurft verrichtet, „scheissd a ondana hund hi."

Auf dem Heldenplatz ist all dies versammelt und man wundert sich, dass dort mitten in den Wiesen immer noch Menschen einen Platz finden, auf dem sie unbeschadet und sozusagen unbefleckt lagern können.

Wo aber die Prioritäten in der Wiener Innenstadt liegen und wem die Herzen der Durchschnittsbürger gehören, musste seinerzeit schon jene Mutter erfahren, die ihr Baby auf einer der Heldenplatzwiesen wickelte. Auf einer Decke waren sie und ihr Spross, sie hatte gerade die prächtig gefüllte Windel abgenommen – als ein älterer Herr zu schimpfen begann. Was ihr denn einfalle, da mitten in der Öffentlichkeit und bar jeglichen Schamgefühls das zu verrichten.

Und rundum all die braunen Würsteln von den Hunden.

Die Stimme aus dem Boden der Nationalbibliothek

Gerhard Roth – „Der Plan" und das fehlende Eck vom Requiem

„Hallo?" Die Stimme tönt direkt unter unseren Füßen, aus dem Boden heraus. „Was is' da oben?"

Wir stehen im Keller der Österreichischen Nationalbibliothek und haben bereits einen weiten Weg hinter uns. So weit, dass wir beim besten Willen nicht mehr benennen könnten, wo wir uns nun tatsächlich im Inneren der Wiener Hofburg befinden.

Wir hatten jedenfalls drüben auf dem Josefsplatz die Räumlichkeiten der Nationalbibliothek betreten, wo wir abgeholt und dann ins Innere dieses umfassendsten Gedächtnisses von Österreich geführt wurden. In den Keller waren wir hinabgestiegen, dort wurden wir weitergeleitet in lang gestreckte und dann doch wieder verwinkelte Gänge – und wieder retour. Unterwegs waren wir an automatischen Förderbändern vorbeigekommen, auf denen von Zeit zu Zeit wie von Geisterhand betrieben Bücher selbstständig unterwegs waren.

Und dann waren wir letztendlich in diesen letzten Rest historischer Aufbewahrung gelangt, wie ihn Gerhard Roth im Roman „Der Plan" aus der Sicht der Hauptfigur Konrad Feldt beschreibt. „Der ‚Gitterrost'… war schon beim Bau der Nationalbibliothek im Speicher anstelle des Fußbodens eingezogen worden, um möglicher Brände schneller Herr zu werden. Erstaunt sah er beim ersten Betreten zwischen den Eisenstäben hindurch alle fünf Stockwerke bis hinunter zur tiefsten Etage."

Von Franz Jaksch, dem Leiter der Haustechnik der Nationalbibliothek, erfahren wir, dass wir uns gerade im Kellergewölbe unter dem Prunksaal befinden – und er eröffnet uns, warum es jetzt nur noch zwei Geschoße sind, die derart von einem Gitterrost getrennt werden. Weil eben nach der Fertigstellung des großen neuen Tiefspeichers im Jahr 1992 hier alles umgebaut wurde, weil hier neue Zwischendecken, die auch „Manipulationsebenen" genannt werden, eingezogen wurden, und damit neue Räume und neuer Stauraum geschaffen wurden.

Nur hier, in der Sammlung von Inkunabeln, alten und wertvollen Drucken, ist alles noch wie früher, hier stehen sie noch, die historischen Stahlregale, die von der Firma Waagner Biro vor 101 Jahren im Nietverfahren eingerichtet wurden. Dies erläutert Jaksch gerade, als genau unter unseren Füßen der Mann im blauen Arbeitsmantel auftaucht – „was is' da oben?". Das klingt weder böse noch streng, sondern der Gelassenheit all dieser über die Jahrzehnte hinweg gelagerten Kostbarkeiten entsprechend. Es ist Helmut Lang, der als Leiter der Sammlung Nachschau hält, wer denn da einfach in seine Räume hineinmarschiert ist und erklärt, was ihm untersteht.

Dass im Roman „Der Plan" das Innere der National-bibliothek beschrieben wird, braucht man Herrn Lang nicht großartig zu erklären. „Ja, ja, der Gerhard Roth beschreibt in dem Buch ja auch mein Büro", lacht Herr Lang. Skizziert wird diese Arbeitsstätte von Roth folgendermaßen: „Noch nie hatte Feldt ein vergleichbares Chaos gesehen. Auf den Tischen türmten sich Papierberge, Bücherstapel, Aktenhaufen, auch auf dem Fußboden, der Couch, auf den Stühlen, den Roll-schränken und dem Kopiergerät."

Es ist nur eine kurze Episode, die Roth hier als Rückblende beschreibt, bevor Konrad Feldt, Bibliothekar der National-bibliothek, nach Japan fährt. Mit einem entwendeten Mozart-Autograf, um dort mit einem Händler Kontakt aufzunehmen. Es handelt sich um einen Zettel, eigentlich nur ein kleines Eck, herausgerissen aus Mozarts Requiem. Dieses Original lagert auch wirklich in der Nationalbibliothek. Aber so einfach anschauen, das geht normalerweise nicht. „Das ist ein aus-gesprochen aufwändiger und komplizierter Entlehnvorgang", erläutert Lang.

So kurz er auch ist: Roths Nationalbibliotheksrückblick hat es trotzdem deftig in sich. Und im ehrwürdigen Gebäude grinsen sie ein wenig verstohlen, wenn das Buch auch nur erwähnt wird. Dann reden die hier Angestellten und Eingeweihten von einer „bestimmten Stelle", die da beginnt mit: „Eine Woche später beobachtete Feldt den Oberaufseher, wie er sich in einem Winkel des Tiefspeichers selbst befriedigte." Die weiteren Details kann man gern im Buch nachlesen – es endet jedenfalls damit, dass besagter Oberaufseher im entscheidenden Moment den Mund weit geöffnet gehabt und einen Schnarchlaut von sich gegeben habe. Quell der Inspiration für diese Handlung waren jedenfalls, so Gerhard Roth, pornografische Fendi-Illustrationen aus dem Biedermeier.

Roth hatte für diesen kurzen Einschub jedenfalls gründlich recherchiert. „Er ist ja wochenlang bei mir im Büro g'sessen", lächelt Lang. „Weil er G'schichteln hören wollte." Und tatsächlich war dieser Zwischenfall nicht erfunden – es habe wirklich einmal einen derartigen Vorfall einer tiefspeicherlichen Onanie gegeben, bestätigt der leitende Bibliothekar. „Aber das

is' erstens schon sehr, sehr lang' her – und es war zweitens auch kein Oberaufseher, sondern nur ein ganz normaler Aufseher."

Inzwischen ist natürlich alles anders, lagern auch die meisten Bücher im neuen, gewaltigen Tiefspeicher, wo nur noch eines gekurbelt wird: die hochmodernen Regale, die über ausgeklügelte Systeme bewegt werden. Auch Herr Lang ist im Haus inzwischen in ein anderes Büro übersiedelt – „aber der Sauhaufen is' schon wieder der gleiche", lacht er.

Eines aus dem Roman von Gerhard Roth gilt jedoch heute noch genauso wie damals, nämlich dass der labyrinthische Gebäudekomplex der Nationalbibliothek alle Vorstellungen

übertrifft, die man sich von ihm machen kann. Ein Labyrinth, das durch Umbauten übrigens keinesfalls vereinfacht und übersichtlicher werden soll, da es letztlich auch der Sicherheit dient. Schließlich lagern hier derartige Schätze, dass jene, die sie entwenden wollten, sich hier unten ruhig einmal verlaufen sollen.

Solches passiert hin und wieder auch den Neulingen in der Bibliothek: In den Gängen zwischen den verzweigten und endlos lang erscheinenden Regalen komme es immer wieder vor, dass ein Beamter wie in einem Irrgarten nicht mehr den Ausgang finde, berichtet Roth. Ja, auch Feldt sei es während seiner zweijährigen Ausbildung zum Bibliothekar passiert, dass er sich hier unten verlaufen habe – dass er eine Nacht auf dem Gitterrost habe verbringen müssen.

Manches Mal aber werden die solcherart durch architektonische Winkelzüge gesicherten Schätze ans Tageslicht gebracht und zur Schau gestellt. So auch besagtes Original des Mozart-Requiems, das zum Auftakt des Mozartjahres 2006 bereits im Herbst 2005 im Prunksaal der Nationalbibliothek im Rahmen einer kleinen Ausstellung hergezeigt wurde. Genau genommen sind es zwei Originale, rund 100 Bögen beschriebenen Papiers – „sie gehören zum Kostbarsten, das wir besitzen", betonte die Direktorin der Nationalbibliothek, Johanna Rachinger, bei der Präsentation dieser Schau. Daher waren sie auch vor dem Mozartjahr das letzte Mal im Jahre 1991 der österreichischen Öffentlichkeit gezeigt worden. Danach verließ das Werk einmal nur das Land, um im Jahre 2002 in Australien präsentiert zu werden – mit einem Versicherungswert von damals 100 Millionen Schilling, das entspricht heute immer noch eindrucksvollen 7,27 Millionen Euro.

Vieles weiß man inzwischen über dieses von vielen mysteriösen Geschichten und Legenden umrankte Werk. So etwa auch, dass mit Gewissheit nicht der Tod selbst es war, der dieses Werk bei Mozart in Auftrag gab, sondern ein Mittelsmann des Grafen Franz Walsegg-Stuppach. Ein eher sonderlicher Adeliger, der sich in Kammermusikrunden mit fremden Kompositionsfedern zu schmücken pflegte und der Mozarts Werk dem Tod seiner eigenen Frau widmen wollte, wie Thomas Leibnitz, Direktor der Musikaliensammlung, erläutert.

Auch weiß man nun genau, was von Mozarts Hand niedergeschrieben wurde – und das ist nicht viel, gerade einmal zwei vollständige Sätze des Werkes sowie einige Skizzen: Dann arbeitete erst Joseph Eybler am Requiem weiter und danach Mozarts gelehriger Schüler, Franz Xaver Süßmayr. Dieser vollendete es mit Hilfe von Mozarts Entwürfen schließlich in solcher Art, dass er sogar Mozarts Handschrift kopierte. So übermittelte er das fertige Werk dem Grafen – im Gegenzug zu den vereinbarten 50 Dukaten. Daher auch die zwei Ausgaben in der Nationalbibliothek – eine Arbeits- und eine Abgabepartitur. Beide wurden schließlich vom Präfekten Moritz Graf von Dietrichstein irgendwann zwischen 1831 und 1838 für die damalige k.u.k. Hofbibliothek erworben.

Die Mystifikationen rund um dieses Werk hatten jedenfalls gleich nach dem Tod Mozarts begonnen. Als am 31. Dezember 1791 im Berliner Musikalischen Wochenblatt über sein Hinscheiden berichtet wurde, stand da bereits zu lesen, dass gleich nach dem Tode des Komponisten der Körper derart angeschwollen sei, dass sogleich über eine mögliche Vergiftung gemutmaßt wurde. Und: „Eine seiner letzten Arbeiten soll eine Totenmesse gewesen sein", stand da.

Dann jener Vorfall, der Roth bei der Arbeit zu seinem Roman „Der Plan" inspiriert hatte: 1958 war das Original des Requiems gerade bei der Weltausstellung in Brüssel ausgestellt worden. Als es wieder in Wien ankam fehlte tatsächlich an einer Seite ein Eck. Und zwar genau jenes Eckerl, auf das Mozart zum dritten Male „quam olim Da Capo" geschrieben hatte. Wie dieses Stück auf dem Weg von Brüssel nach Wien verschwinden konnte, wurde nie restlos geklärt. Er nehme an, dass so etwas vermutlich während des Abbaus geschehen konnte, mutmaßt Leibnitz, ohne sich natürlich auf diese Theorie festlegen zu wollen. In solchen Momenten gehe es aber nicht immer geordnet zu. Und er habe selbst einmal während des Abbaus einer Ausstellung eines der wertvollsten Stücke der Schau einfach so herumliegen sehen.

Die Gestapo im Volksgarten

Ladislav Ťažký – „Wiener Blut" und das schmerzhafte Erinnern an das Kriegsende

Niemand beschreibt den Wahnsinn der letzten Kriegstage in Wien so eindringlich und erschütternd wie Ladislav Ťažký. Es ist eine Tour des Schreckens durch die umkämpfte Hauptstadt der untergehenden „Ostmark", die Ťažký als junger Kriegsgefangener mitmachte und in seinem Roman „Wiener Blut" der Nachwelt übermittelte. Allerdings bekam erst die Nachwelt der übernächsten Generation dieses Werk zu Gesicht. Denn der 1924 in Černý Balog geborene Ťažký war während des Zweiten Weltkrieges wegen Desertion in deutsche Kriegsgefangenschaft geraten und irrte zu Kriegsende als Zwangsarbeiter durch Wien. Danach arbeitete er zwar als Schriftsteller und Journalist in seiner Heimat – doch nach der Niederschlagung des Prager Frühlings verlor er 1969 seine Arbeit und wurde mit Publikationsverbot belegt.

Und so gelang es erst lange nach dem Fall des Eisernen Vorhangs, die Wiener Erinnerungen des Korporals Matusch Zraz in einer deutschen Übersetzung dem deutschsprachigen Publikum zu erschließen. Die erschien gar erst 2004 im Mandelbaum-Verlag.

Erinnerungen und Berichte aus jener Zeit gibt es wohl in jeder Wiener Familie. Oder es gäbe sie – wenn man darüber reden würde. Manche haben einiges den nächsten Generationen weiter gegeben – die Großmutter etwa, die berichtete, wie sie eines Nachts während eines Bomben-angriffes von der Feldpost, bei der sie arbeitete, nach Hause

lief. Und wie sie in den Keller eines Hauses flüchten wollte, ihr die Bewohner aber die Türe vor der Nase zuknallten. Die Großmutter hatte ab dem nächsten Morgen eine weiße Strähne im Haar. Das Haus aber, in dem sie Unterschlupf nehmen wollte und vor dem man sie abgewiesen hatte, war ausgebombt. Niemand darin hatte überlebt.

Oder der Vater, der berichtete, wie nach dem Einmarsch der Nazis in seiner Schulklasse in der Leopoldstadt auf einmal

die Hälfte der Kinder fehlte. Und alle wussten: „Die sind im KZ." Der Vater hatte nie verstanden, wie andere in Wien allen Ernstes behaupten konnten, man habe doch von alldem nichts gewusst. Nichts wissen können.

Einmal, ein einziges Mal nur, berichtete er auch, dass die Nazis in den letzten Kriegstagen noch in einem Bombentrichter Menschen erschossen. Juden. Oder Deserteure. Doch leicht fiel es ihm nicht, davon zu sprechen.

Ähnliches hat Ťažký festgehalten und dokumentiert. Er gibt Zeugnis vom Arbeitseinsatz im halb von Bomben zerstörten Ostbahnhof „das Glasdach des Ostbahnhofs ist zerschlagen, die Schienen sind herausgerissen und verkrümmt, auf dem Blindgleis klaffen drei Krater. Thank you, Johnny, für die perfekte Arbeit!"

Und dann räumen sie auf – „Material auf diese Seite, und die Menschen auf die andere". Sie zerren und schleppen die Toten aus dem Untergrund; einer hat Arme und Beine gebrochen, die beim Tragen knirschen. Dann ein baumlanger Uniformierter, dem eine Eisenplatte den Schädel gespalten hat. Sie schleppen die „130 Kilo menschliches Fleisch" ans Tageslicht, ertragen es nicht, wie der Oberfeldwebel mit halbem Kopf vor ihnen schwankt, werden mit vorgehaltener Waffe gezwungen weiterzumachen.

Ein anderes Mal sind sie im österreichischen Kriegsministerium im Einsatz, das „von dem in einem hölzernen Sarg versteckten Marschall Radetzky" bewacht worden sei – zweimal habe man ihn begraben – einmal seinen „alten toten Körper", das andere mal sein steinernes Standbild: „Beim ersten Mal lag er, beim zweiten Mal muss er stehen".

Dann der Luftangriff – doch die Zwangsarbeiter wurden in den Luftschutzkeller des Ministeriums nicht eingelassen, sie hockten oben in einem Winkel an der untersten Treppe. Drei Stunden Bombenangriff, direkt über ihnen das ständige Flak- und MG-Feuer. Nur eine leichte Bombe trifft das Ministerium – doch ausgerechnet dort, wo ein Hitlerbild hing. Das Verhängnis für drei slowakische Zwangsarbeiter, die standen vor dem Bild, einer habe mit einer Schaufel auf den Führer gedeutet und gesagt: „Schaut mal! Hitler hat keine Augen!" Die deutschen Offiziere wollen wissen, wer von den dreien das getan habe – auch wenn keiner von ihnen das hoch hängende Bild je wirklich hätte erreichen können. Die drei werden exekutiert – jemand muss für den Schaden am Hitlerbild büßen. Irgendjemand. Und so geht es weiter – auf dem Zentralfriedhof müssen sie als Totengräber arbeiten und auch dort zerfetzen die Bomben die Kameraden. Im Arsenal schuften sie, schleppen Eisen von Hunderten ausrangierten Panzern, Panzerwagen und Lastautos weg. Einmal wollen sie in einen Flakturm – „nur für Deutsche" heißt es auch hier. Ein andermal draußen an der Simmeringer Hauptstraße. Ein Pole in SS-Uniform, der auf einem Geländer sitzt und ständig die arbeitenden Frauen tritt, die an ihm vorbeikommen. „Jüdische Ärsche", erklärt der Schwarzuniformierte. Ein schlesischer Deutscher, wie sich herausstellt. Ein deutscher Wehrmachtsoffizier schreitet kurz ein, doch dann „tanzen" wieder die Stiefel des SS-Mannes.

Je näher die Russen kommen, desto chaotischer wird der Irrlauf und der Wahnwitz in der allgemeinen Auflösung. Einmal purzelt die Romanfigur buchstäblich rücklings in die Kapuzinergruft.

Und dann, als schon die Artilleriegranaten und Granatwerfergeschoße in den Vororten einschlagen, kommen sie wieder in die Innenstadt. Über Schwarzenbergplatz und Graben irrt die slowakische Gruppe und weiter zum Josefsplatz. Sie bleiben in der Innenstadt. Tags darauf sind sie im Volksgarten. Dort seien dann zwei Männer in Ledermänteln gekommen, wird im Roman berichtet, die hätten zwei nur hastig bekleidete Männer dabei gehabt – nicht einmal die Schuhbänder hätten die zumachen können. Die seien an einen Baum gestellt und mit acht Schüssen erschossen worden. Dann hätten die in Ledermänteln die Toten umgedreht und ihnen mit den Stiefelspitzen die Augen zugedrückt. Und die slowakischen Kriegsgefangenen hätten dann die Gräber ausheben müssen. Im Volksgarten. Und dann, gleich nebenan, der Brand des Burgtheaters.

Jahrzehnte später bereitet sich der Volksgarten auf den Winter vor. Die Rosenstöcke sind schon in die Jutesäcke

gepackt und die Wiener genießen die schon tief stehende Herbstsonne. Schnell vor dem Winter wird in den Beeten noch umgegraben. Doch es sind längst keine Gräber für die Opfer der Gestapo mehr, die da ausgehoben werden – sondern nur kleine Ruhestätten für die Blumenzwiebeln, die in ein paar Monaten als erster Frühlingsgruß wieder auferstehen sollen.

Zunächst fragen wir zwei alte Frauen, die durch den Park schlendern. Ob sie uns vom Ende des Krieges, von den letzten Tagen in Wien berichten könnten? Die Antwort ist forsch, kurz und klassisch wienerisch: Die letzten Kriegstage? „Die hamma auch erlebt. Das interessiert uns net."

Zwei alte Männer spazieren vorbei. „Ende September haben noch alle Rosenstöcke getragen", erinnert sich der eine, gerade als sie uns passieren. „Unglaublich, wie die Zeit vergeht."

Und dann jenes Ehepaar, gewiss schon einiges über die Achtzig, das Arm in Arm den Weg zwischen den Beeten entlang spaziert. Ja, die erinnern sich noch gut – auch wenn es keine guten Erinnerungen sind. „Schiach war das damals. Schrecklich", erinnert sie sich. Sie, die Frau, war Lehrerin gewesen, damals. In Bruck am Leithagebirge. An einen Fliegerangriff erinnert sie sich noch ganz genau, an einen Tieffliegerangriff, wie sie immer wieder herangeflogen waren. „Da musste ich die Kinder einzeln am Haus entlang in Sicherheit bringen."

Er hingegen berichtet, dass er das Kriegsende in Italien erlebt habe. Für ihn war der Schrecken im Tibertal zu Ende, als er in Kriegsgefangenschaft kam. Ein Kamerad war verletzt worden, das habe sie aufgehalten. Und dann seien die anderen schon gekommen – das Kämpfen hätten sie dann bleiben lassen.

Seine Frau wiederum erzählt, dass sie im letzten Moment noch aus Bruck in einem Lastwagen ins Waldviertel gefahren sei. Ins Ispertal. „Ich hatte unglaubliches Glück, der Lenker des LKWs war vom Nachbarort." Alle hätten sie gewusst, dass es bald zu Ende gehen würde. „Wir hatten uns nicht einmal der Mutter getraut zu sagen, dass sie aus Wien weggehen solle – wir wussten, dass bereits die Enns die Grenze war."

Im Waldviertel hatte die Frau dann zwei Tage und zwei Nächte im Keller eines Bauernhofes verbracht. Versteckt, mit Stroh darüber. Speck habe es dort noch gegeben – das reinste Paradies für sie. „Die Ratten hab ich damals mehr gefürchtet als die Russen."

Und für beide gilt: „Die Jugend war futsch." Aber das holen sie jetzt nach: „Jetzt genieß ma halt die Pension ein bisserl." Doch die Erinnerung, die bleibt ihnen trotzdem. „Er redet ja immer vom Krieg", sagt sie zum Abschied noch über ihren Mann. Der lacht: „Weil i sonst nix z' reden hab!"

Für Ťažký und seine Romanfigur Matusch Zraz endet der Krieg in Wien mit einer Flucht in die andere Richtung. Während die Frau aus dem Volksgarten damals von Bruck ins Waldviertel fuhr, machte sich der Slowake einfach auf, um nach Bratislava zu marschieren. An Gärten entlang und dann weiter, bis sich der Weg in einem sauber bestellten Feld verliert. „In Wien wird noch geschossen, aber im Osten über der Stadt entzündet sich bereits die Morgenröte."

Die falsche Künette beim Parlament

Franzobel – „Lusthaus
oder die Schule der Gemeinheit"

Sie ist im Inneren Österreichs unterwegs. Die schon vor 80 Jahren als zweijähriges Mädchen verstorbene Rosalia Lombardo hat sich von ihrem mumifizierten Leib in den Kapuzinerkatakomben in Palermo losgelöst, um über die ganze Erde bis nach Wien zu wandern.

An sich schon eine wunderbare Klammer – denn auch in Wien gibt es sie: Die Mumien in der Michaelergruft. Aber bei weitem nicht so drastisch wie in Franzobels „Lusthaus" beschrieben: 8000 zum Teil noch recht gut erhaltene Leichen gebe es dort, in den Katakomben von Palermo – zum Teil seien sie auch an die Wände geschnürt, die Toten, bei manchen löse sich die Haut, wie nach einem Sonnenbrand, andere Körper seien glatt verfault, sodass man die bloßen Schädel auf verkleidete Strohpuppen gesetzt habe. „Die Münder alle aufgerissen, als schrien sie ihr Alleluja aus dem Leib, als sähen sie etwas Entsetzliches, das Armageddon." Und mittendrin eben auch ein gläserner Kindersarg mit dem kleinen, mumifizierten Kinderkörper der Rosalia Lombardo.

Was Franzobel beim Verfassen seines Romans nicht wissen konnte, da es sich erst später ereignete: Es gibt inzwischen sogar eine künstlerische Klammer zwischen den beiden Begräbnisstätten in Palermo und Wien. Der Maler Herwig Zens war nämlich bereits in aller Welt einschlägig tätig. Brachte in den Kapuzinerkatakomben die sizilianischen Mumien zu Papier – und war später, im Jahr 2004, dann

in der Wiener Michaelergruft dabei, als der Sarg des Hof-
dichters von Maria Theresia und Librettisten von Mozart,
Pietro Metastasio, geöffnet wurde, um vor dem sonst gewiss-
lichen Verfall gerettet zu werden. Zens malte, hielt fest und
bannte, was ihn selbst fesselte. Wie auch weitere Künstler – die
ihre Werke zur Verfügung stellten, um zu retten, was längst
tot ist. Alexandra Rainer, die wissenschaftliche Leiterin der
Sanierung der Michaelergruft, hatte diese Aktion initiiert – da
sie neben dem verzweifelten Kampf gegen Feuchtigkeit und
Ungeziefer auch noch gegen chronisch leere Kassen antreten
muss.

Doch nicht Franzobel würdigte den Untergrund der Wiener
Michaelergruft – sondern Gerhard Roth in seiner „Reise in das
Innere von Wien – Die Archive des Schweigens". Über 4000
Tote würden hier unter der Michaelerkirche liegen, hielt Roth
fest. Tote, die zum überwiegenden Teil unter der Erde ruhen,
auf der man da unten steht. Als man im 20. Jahrhundert zum
ersten Mal die Gruft betreten habe, seien nur noch 250 Särge
vorgefunden worden. Die Holzsärge seien farbig, mit Blumen
bemalt, die Toten trügen Schuhe, barocke Gehröcke, manchmal hätten sie auch noch das Netz einer Perücke auf dem
Kopf. „In einem Sarg ist das Tuch aufgeschnitten, die Tote
liegt wie in einem Hochzeitskleid da, um den Kopf ein kleines Gewölk von Holzscharten wie ein vertrockneter Blumen-
kranz."

Wie Roth richtig berichtet, hatten der stetige Luftzug und
die klimatischen Verhältnisse die Leichen mumifiziert. Und
auch hier heißt es: „Mit weit aufgerissenen Mündern liegen
sie da."

Doch wie sehr haben die Mumien seither gelitten,
die Münder im Verfall noch viel weiter aufgerissen – da
die früheren Lüftungsschächte geschlossen, zum Teil un-
rekonstruierbar verbaut wurden. So wird nun mit viel
Engagement und Hingabe versucht, das Gruftklima wieder

zu stabilisieren, Luftfeuchte und Temperatur zu senken, um zu „retten, was zu retten ist", wie auch der Titel einer Dokumentation Alexandra Rainers lautet. Auch, um dem Rüsselkäfer Pentarthrum huttoni E.H den Garaus zu machen – ein biologisch höchst seltener Gast in diesen Breiten, sogar der einzige, irgendwann einmal von Neuseeland über England eingeschleppte in Mitteleuropa – aber auch ein höchst gefräßiger, der sich einen Sarg nach dem anderen zu Holzstaub verarbeitend vornahm.

Dies alles aber lässt der Geist Rosalias beiseite, da es nicht schon wieder die Toten und die Mumien in Wien sind, die sie interessieren – sondern die Lebenden, in die sie schlüpft. Und so erleben wir, den kindlich verstorbenen Geist auf seiner Wanderschaft begleitend, ein Panoptikum skurrilster Wiener Gestalten, die fette Pasqualina, den Journalisten Zsmirgel, der Nachrufe auf Personen schreibt, die aber erst danach prompt sterben, sowie: den gemeinen Manker.

Zsmirgel und Manker sind im Roman „Lusthaus" gerade dabei, eine „Schule der Gemeinheit" zu errichten – jedoch nicht als Gebäude – sondern in Lektionen. Sei es, dass sie sich in Trauerkleidung vor Fabriken setzen, die zugesperrt werden sollen. Dort Trauermusik abspielen, leichenschmausen, sich zuprosten. Oder aber Manker und Zsmirgel marschieren ins Realgymnasium Gießhübl, ausstaffiert als „vom Sportministerium beauftragte Kommissare", um dort eine „Konsumentenolympiade" zu initiieren: eine Flasche Schnaps vor dem 400-Meter-Lauf, Haschkeks für die Segler, LSD vor den Ring-, Judo-, und Boxkämpfen. Prompt wird im Turnsaal eine kleine Arena geschaffen, schon dreschen die Kinder aufeinander ein, ist schnell „eines dieser hopsenden Wesen flachgelegt, hinausgetragen".

Dann aber die „Lektion Zwei" dieser „Schule der Gemeinheit", die durch besonderem Charme besticht. Manker und Zsmirkel marschieren zum Parlament, um eine Baustelle zu imitieren; sie haben speckige, zerschlissene Arbeitskleidung an, merkwürdige Geräte umgeschnallt und machten, schreibt Franzobel, „einen aufgefettet offiziellen Eindruck".

Ihre „Messgeräte" sind alte Kofferradios, als Bodenstrahlungsmessgerät dient ein auf eine Schaufel montierter Elektrogrill, die Kartuschen sind bemalte Wasserflaschen und die Kabelrolle ist ein umgelegter Gartentisch.

Doch die Selbstverständlichkeit der Geschäftigkeit macht Eindruck. Alle grüßen die „Arbeitssimulanten". Sogar vorbeikommende Polizisten bemerken den Schwindel nicht. „Die Polizei kennt nicht die Energie der Trägheit, aus der der Verbrecher seine Raubtierhaftigkeit bezieht. Die Polizei ist gutmütig und grün", schreibt Franzobel. Und wer würde schon zweifeln, wenn einer der Arbeiter wie selbstverständlich meint, sie hätten seit einem halben Jahr in zehn Minuten Feierabend und sie wären ja eh schon weg, wenn es nach ihnen ginge. Authentischer geht's nimmer.

So begaben wir selbst uns im Herbst 2004 zum Parlament auf Baustellenkontrolle. Eine gewaltige Künette war zu diesem Zeitpunkt rund um das Hohe Haus aufgerissen, das über der Tiefe der Baugrube sich gleich noch höher präsentierte. Ein Besucherzentrum, eine Tiefgarage wurden da gebuddelt und betoniert. Das sah alles hochoffiziell aus. Vor allem die schicken Sperrwände mit integrierten Dreh-Dreh-Plakaten an der Front zum Ring.

Dennoch. Wenn man etwas genauer hinsah und vor allem rundherum zur Rückseite flanierte: Da hing so ein handgekritzelter Schrieb am hölzernen Bauzaun, auf dem die „Forschungsgesellschaft Wiener Stadtarchäologie" mit krakeliger Schrift informierte – „Archäologische Voruntersuchungen im Zuge des Baus der Tiefgarage Schmerlingplatz". Dazu auch noch dieser handschriftliche „Ausgang"-Zettel gegenüber dem Ausgang Schmerlingplatz, der sah ehrlich gesagt so was von nicht koscher aus.

Als nächstes fiel dieses zackig ausgeschnittene Guckloch in einer Absperrung auf. Und dann noch diese kleine Vorbaustelle, diese Karikatur einer Absperrung vor der großen Sperrwand. Gewiss, der Gehsteig war an jener Stelle ziemlich zerfleddert – doch diesen zittrig besprayten Latten lachte doch förmlich der Schalk aus den Astlöchern.

Das Polizistenpärchen, das dann kontrollgehend um die Ecke kam, wirkte in der Tat ausgesprochen „gutmütig", wenn auch nicht „grün". Das Baugeschehen werde indirekt beobachtet, erläutern sie uns. Ihnen obliege „die Sicherung des Objekts, nicht der Baustelle". Ob sich in all dem Treiben nicht unter Umständen auch ein falscher Arbeiter einschleichen könne? „Da arbeiten 120 Leute, die können wir nicht alle kennen. Wenn aber etwas passiert, werden wir wohl angerufen."

Dass der Herr Franzobel in seinem Buch derartige „Arbeitssimulanten" beschreibe, schreckte die Wachorgane in keiner Weise. „Soll er. Kann er probieren. Dann wird er gefragt, ob er einen Bescheid vorweisen kann und dann nimmt das alles seinen üblichen Lauf. Und dann werden wir wohl wieder angerufen."

Dass jemand überzeugend wo auftritt und überraschend seinen Schalk treibt, dass kann gewiss auch im wirklichen Leben passieren. So, wie aus dem Universitätsgebäude seinerzeit immer wieder Beamer gestohlen wurden – und die alarmierte Polizei stets zu langsam war. Da wurde immer wieder neu montiert – und schon wieder gestohlen. „Einmal haben noch die Kabel in der Wand gewackelt – und wir waren wieder zu spät", erinnert sich der Parlamentsbewacher.

Franzobel hat übrigens noch eine Art Fake im Fake versteckt: Die „Kreuzung Rathausstraße/Parlament", an der sich Manker und Zsmirgel im Roman treffen – die gibt es gar nicht. Die Rathausstraße ist zwei Gassen vom Parlament entfernt.

Ebenfalls quasi zwei Gassen entfernt: der Heldenplatz, für Franzobel der „Anus Österreichs" – an dem mit seiner symbolischen Dichte kommt ein Schriftsteller kaum vorbei. In „Lusthaus" wird aber gleich noch mal verdichtet und das in einer nur kurzen Episode. Die dicke Pasqualina ist es, die dort auf dem „ewigen Lieblingsplatz ihres Vaters" steht, denn jener habe sich stets damit gebrüstet, ein glühender Anhänger Adolf Hitlers gewesen zu sein. Pasqualina hat nun die Urne ihres Vaters in der Hand, darin „der pulverisierte 140-Kilogramm-Nazi Alfred Tonymontana".

Just in dem Moment, als auf dem Heldenplatz auch „der Führer der Freihäuslichen Partei" und dessen Klubobmann vorbeikommen und in Richtung Hofburg marschieren, macht die Dicke eine heftige Bewegung und schon haben die zwei Freihäusler „– wusch! – die ganze Asche im Gesicht". Am Schluss sei es eben immer das Eigene, das Selbst, das einen vernichte, der Nazi habe die Nazis, Österreich die Österreicher vernichtet.

„Wir haben immer Theater"

Johann Nestroy – „Der böse Geist Lumpazivagabundus"
und eine Wiener Trafik

„Na! Na! Na! Nur kane Experimente", warnt die Trafikantin auf der Wiener Freyung eindringlich. Sie wurde gerade vor eine knifflige Frage gestellt. „Wir würden gern die Zahl 7359 spielen", hatten wir gebeten. „Die haben wir nämlich heut' Nacht geträumt." Unsere Trafikantin, wie immer bestens gelaunt und nie um einen Schmäh verlegen: „Na, dann spiel'n Sie's halt!" Aber es sind doch nur vier Ziffern – das Spiel heißt aber „Sechs aus Fünfundvierzig" und nicht nur ein Jackpot wartet, sondern gleich ein doppelter mit rund 1,9 Millionen Euro. „Geh bitte, sind'S unsere Glücksfee", sind wir hartnäckig. „Aber sicher", grinst die Frau hinter der Budel, fischt einen Lottozettel hervor und geht uns hilfreich zur Kreuzerlhand: „Da machen S' die Kreuzerln von den geträumten Zahlen: Drei und Fünf und Sieben und Neun."

Und jetzt? „Die andern zwei denken S' Ihnen halt aus." Aber welche denn? „Jetzt no' die Achtundzwanzig." Warum gerade 28? „Weil Achtundzwanzig immer gut is'." Und das sechste Kreuzerl? „Einen 40er brauchst noch", wirft Christian ein. „Zweiundvierzig", wird rasch entschieden. Dann noch ein Versuch, bei dem wir die vorhandenen Zahlen zu neuen kombinieren. Zu 3, 5, 7 und 9 kommt dann einmal drei und fünf und also 35 dazu. Aber 97 oder 79? „Da wern S' Ihnen schwer tun", meint die Trafikantin. Na gut – dann wird eben 39 angekreuzerlt.

Eine weitere Möglichkeit fällt ihr noch ein: „Eurolotto könnten S' auch spielen. Das sind fünf Zahlen, da brauchen S' nur eine dazuerfinden und dann kommen unten halt noch zwei dazu."

Aber das lassen wir dann doch bleiben. Und – zugegeben: Die Zahlen wurden nicht wirklich von uns geträumt. Und schon gar nicht letzte Nacht. Höchstens auf der Bühne, sofern im betreffenden Theater „Der böse Geist Lumpazivagabundus" von Johann Nestroy aufgeführt wurde. Darin wird dieses „Numero" vom liederlichen Kleeblatt Zwirn, Leim und Knieriem erträumt – auf dass die damit gewaltig im Glücksspiel gewinnen. Das müssen sie, um auf die Probe gestellt werden zu können. Falls nur zwei von ihnen aufs Reichsein pfeifen und das Gewonnene verprassen, dann kann im Feenreich Hilaris endlich Fortunas Tochter Brillantine heiraten.

Genau das sind auch grundsätzlich die zwei Möglichkeiten, wie man einem Lottogewinn begegnet: Entweder gleich wieder raus damit – weil ohnehin gilt: „D' Welt steht auf kein' Fall mehr lang". Oder aber die Gröscherln oder Cent werden gehütet und nach der erhofften plötzlichen Reichwerdung erst recht zweimal umgedreht.

Ob sie selbst eine Sparsame sei, fragen wir unsere Trafikantin. Die Antwort kommt schnell und bestimmt: „Na!" Also alles gleich ausgeben? „Das muss alles ausse. Das wird alles verbraten. Ich arbeit – und des Geld mag i auch wieder ausgeben. Was soll i denn sparen? Meine Kinder soll'n selber hackeln", lacht sie.

Wir sind hingerissen und fragen nach ihrem Namen. „Brigitte Haas – oder Haas Brigitte", grinst sie. „Das können S' Ihnen aussuchen", ergänzt die zweite Frau hinter der Budel. Ob die beiden verwandt seien? Wieder ein „Na!". Sie sei vielmehr ihre Angestellte. Wie sie heiße? „Brei-ten-fel-der – da können S' jetzt viel aufschreiben. Und Sylvia mit y." Ob

sie selbst auch spiele, fragen wir die Chefin. „Na sicher. Aber immer nur einen halben Schein. Und nur wenn Jackpot is'." Und Eurolotto, das spiele sie auch, aber nur wenn's ums Ganze geht. „Glauben'S i möcht g'winnen und dann krieg i nur 500.000?"

Ja, sie ist unsere Glücksfee, das wissen wir nun bestimmt. Da greift sie in eine Lade, zaubert ein Blatt hervor – „Wegschaun!", verlangt sie. Und schon hat sie uns auf den Lottoschein mit den Nestroy'schen Zahlen oben ein kleines, blaues Herzerl hingeklebt.

Was die Kundschaft in diesem Geschäft gleich beim ersten Besuch bemerkt, wird von Frau Haas auch gern bestätigt: „Wir ham immer ein Theater."

Im Theater nun geht im Lumpazivagabundus alles gut aus. Sprich: Das Geld wird von Zwirn und Knieriem verjubelt. Ganz nach dem Motto der bereits verstorbenen Fußballlegende George Best, der einmal zu seinem wilden, zügellosen Leben im Interview bekannte: „Ich habe viel Geld ausgegeben für schnelle Autos, Alkohol und Frauen. Den Rest habe ich verprasst."

Ob hier in der Trafik schon einmal jemand so hoch gewonnen habe? „Ja, zwei Sechser hamma schon gehabt", weiß Frau Haas. „Da hamma natürlich nur von der Lotterie eine Verständigung bekommen. Wer das ist, weiß man natürlich nicht." Und einmal, vor vier Jahren, habe ein Kunde einmal mit einem Brieflos eine Million gewonnen. „In Schillingen damals noch."

Aber von anderen Lotto-Schicksalen haben sie auch gehört. „Das ham'S doch sicher auch gelesen, das vom Lotto-Lotter." Oder so ähnlich. Was der getan hat? „Bitte, der is mit dem Gewinn nach Gran Canaria und hat das ganze Geld im Puff durch'bracht." Das ist sogar der konsumfreudigen Trafikantin nimmer egal: „Am Schluss hat er sich sogar z' Tod' g'soffen. I versteh' des net." Das war halt quasi Georgie Best at his best.

Und weil schon das Stichwort „Puff" gefallen ist: Es soll ja auch einen Kärntner Nachtklubbesitzer gegeben haben, der sogar zweimal im Lotto gewonnen habe – und beide Gewinne, einen nach dem anderen, „aufm Schädl g'haut hat", wie es in

Wien so schön heißt, zu deutsch: auf den Kopf gehauen. Beim Nestroy ist es nur Leim, der sich verliebt und sich damit bessert – aber selbst der ist dann nicht in der Lage, die anderen beiden von ihrem herrlich liederlichen Lebenswandel abzubringen. Sogar einsperren nützt nichts: „Ich muss ein' Brandtwein haben" – und schon ist die Fensterscheibe eingeschlagen.

Es gibt allerdings auch heutzutage nicht nur die Gewandelten – sondern auch jene, die sich eben nicht verändern. Dies wurde Anfang der 90er Jahre im Radio einmal in einem „Hörbild" dokumentiert: „Der Beamte als Millionär. Oder: Wie 26 Millionen einen Menschen nicht verändern können", hieß die Sendung. Und der Titel sagt bereits alles. Der Wiener Beamte Josef wurde da porträtiert. Der hatte, wie im Titel erwähnt, 26 Millionen – damals natürlich noch in Schilling – gewonnen. Das wäre also in etwa der gerade anstehende Doppel-Jackpot von 1,8 Millionen Euro. Herr Josef aber – der blieb genauso, wie er vorher war. Ging einfach seiner Arbeit nach – nichts da von wegen Hauskauf oder so. Im Stammlokal war er berüchtigt, weil er trotz des bekannten Gewinnes der alte Gröschelzähler blieb und nie auch nur eine Runde ausgab. Die Gattin wollte ein neues Auto – nichts da, das alte fuhr ja noch. Und dann Herr Josef, wie er sagte: „Amoi hat meine Frau einen Pelzmantel woll'n. Hab ich ihr Angora-Wäsch' 'kauft. Is' auch warm."

Auch das ist eine wienerische Spezialität, selbst in den eigenartigsten Situationen mit gutem Schmäh noch etwas Positives zu entdecken. Wir erinnern uns etwa daran, wie in Österreich der Euro eingeführt wurde und den Schilling als Währung ablöste. Das führte unter anderem dazu, dass sich mit einem Mal die Zahl der Münzen in den Kassen aller Geschäfte vervielfachte. Erst recht in unserer Trafik. Damals stöhnte Frau Haas, blickte in ihre übervolle Kasse und fand auch daran ihr Gutes: „Der einzige Vorteil: Wenn jetzt einer

unser Geld will – der tut sich schwer beim Rennen." Und Frau Breitenfelder ergänzte: „Oder wir haun's ihm nach. Dann is' er hin."

Es ist tatsächlich ein Volksschauspiel, das hier tagtäglich für den kleinen Obolus eines Lottoscheines, einer Zeitschrift oder eines Packerls Zigaretten zur Aufführung kommt. Zu jedem Anlass führen sie das passende Stück ihrer täglichen Gaudi auf. Zum Abschluss bitten wir noch Frau Haas und Frau Breitenfelder für ein Foto hinter das Lottogerät. „Machen S' Ihnen kleiner – i bin die Chefin", fordert Frau Haas von ihrer bisserl größeren Angestellten. Und schon sind sie tatsächlich kopfgleich, die zwei Frauen hinter der Budel. „I bin in die Knie 'gangen", bekennt Frau Breitenfelder. „I hab auf die Zehen g'spitzelt", witzelt die Chefin.

Nur das Ende ist bei Nestroy im Grunde genommen doch ein wenig zu unrealistisch. Dass es Amorosa gelingen sollte, zwei Typen wie Zwirn und Knieriem durch die Beistellung von zwei braven Frauen auf den Pfad der Tugend zu bringen? Immer fleißig arbeiten und ständig das emsig nähende Weibchen zur Seite? Da würden wir gerne einmal ein kleines Nachspiel sehen: Knieriem und Zwirn – zehn Jahre später.

Übrigens: Die Zahlen haben natürlich nicht gewonnen (und wenn, dann würden wir das unserer Trafikantin sicher nicht erzählen – bei aller Liebe). Nicht einmal ein Vierer mit den originalen Nestroy-Zahlen war drinnen. Aber das Numero war uns ja auch nicht im Traum von der Fee eingeflüstert worden.

Aarons Auftritt im Augarten

*Wolf Haas – „Wie die Tiere" und das hunds-
gespaltene Goldene Wienerherz*

Jetzt ist schon wieder nichts passiert. Vorerst einmal. Da
marschieren wir durch den Augarten und dann ist zuerst
einmal nichts so, wie es sein sollte. Aber das liegt an der
Tageszeit. Und nicht am Augarten, wie ihn Wolf Haas
beschrieben hat. Weil da passt alles. Passt derart, dass man
sich nur noch wundert. Und das wird ja auch erwähnt. Jetzt
ist es zwar Vormittag, aber der Augarten ist trotzdem „so
menschenleer, dass das Seelische seinen großen Auftritt
gehabt hat, frage nicht".

Zunächst einmal muss man wissen, dass Wolf Haas ein
gebürtiger Salzburger ist. Aus Maria Alm genauer gesagt,
also hingeduckt unterm Steinernen Meer, mitten im
Unter-Hochkönig-Land. Maria Alm also, dass man lieben
kann – oder aus dem man stammt. Das erklärt einiges – seine
Sprache beispielsweise. Die kann man dort hören, wenn man
genauer lauscht und den Leuten beim Wortmelken und
Satzdreschen zuhört. Da kann's schon sein, dass man die
Haas'schen Satzgebilde vorher nicht aushält, sie nur leidend
und unter Schmerzen aufnehmen mag – und auf einmal versteht man, wie's funktioniert. Da erlebt man, wie's süchtig
macht. Eines hilft da jedenfalls: den Haas seine Bücher einmal
selbst lesen hören.

Anderes wiederum wird umso verblüffender. Wie so einer,
ein Zuag'reister also, den Augarten so treffsicher abzubilden
vermag. So, wie wir, die wir genau dort gegenüber nicht die

Muttermilch, aber doch die Großmuttersuppe geschlürft haben, das nie vermöchten. Aber vielleicht grad deshalb. Außensicht ist immer besser als Eingeborenen-kenn-ich-eh-schon.

Das fängt schon einmal damit an, dass die Manu Prodinger, diese im Roman viel zu früh Verstorbene, gleich am Anfang sagt, der Augarten komme ihr vor wie eine verwunschene Seele. Soll sein, da könnten auch noch wir Wiener mithalten – aber dann, schon eine einzige Seite weiter, auf der dritten im Buch nämlich, heißt es: „Ein fast fünfzig Meter hoher Beton-bunker mitten in der grünen Seele, das sieht schon ein bisschen aus, als wäre ein schwarzes, fensterloses Hochhaus direkt aus der Hölle in den Augarten hineingefahren, quasi seelisches Problem."

Das ist bereits der Moment, wo unser-wienerischer-einer kapituliert. Besser kann man das nicht beschreiben. Und schon wieder gefehlt: Kann man doch, wenn man den Haas weiterliest. Wer könnte das nicht bestätigen, der auch einmal nur im Augarten was suchte: „Und der Augarten natürlich ein bisschen Labyrinth." Die sechs Eingänge, drinnen die großen Alleen, die vielen Quergänge und dann auf einmal nimmer wissen, wo man jetzt eigentlich ist: Da glaubt man: Kinder-schwimmbad und sieht auf einmal: Porzellanmanufaktur. Jüdische Schule gleich ums Eck – nein, Sängerknaben. Ge-nauso, wie's Haas beschreibt und wir's nicht vermocht hätten. Nur einheimisch dilettierend bestätigen können: Irrgarten nichts dagegen.

Und das Besser-beschreiben-Können betrifft nicht nur die Augartenfrage, sondern vor allem auch, viel wichtiger noch für Wien und seelische Probleme – quasi eins, die beiden: die Hundefrage. Wer „Wie die Tiere" liest, fragt sich jeden-falls nicht mehr, warum eine Stadt wie Wien mit einem steht oder fällt: den Hundstrümmerln. Da kann gerade die größte Bankenkrise der Zweiten Republik wie eine Eiterbeule

aufplatzen, da kann es die ganze Gewerkschaft zerbröseln, da kann die Regierung wackeln – oder ihr Herausforderer. Und da sitzt der Bürgermeister in seiner allwöchentlichen Pressekonferenz und wird gefragt, was denn jetzt nun sei mit den Hundstrümmerln und der gewaltigen Unterschriftenliste und was denn jetzt wirklich passieren werde mit all der Kacke.

Das ist auch nichts Verwunderliches, sondern liegt in der Natur der Sache, denn, so Haas, in Wien gebe es offiziell 53.000 Hunde, wobei die Dunkelziffer gigantisch sei. Alpträume könne man davon bekommen, von dieser Dunkelziffer. Und wer den Haas liest, der fragt sich schon überhaupt nichts mehr, weil das quasi schon Prophetie ist, wie der die leeren Spielplätze beschreibt, weil „wenn die Hundebesitzer anmarschieren, trauen sich die Eltern nicht aus dem Haus". Das ist keine literarische Erfindung, dass mitten durch den Augarten und mitten durch das „Goldene Wienerherz" eine gewisse Front verläuft. Die eine Seite vom Herz schlägt für die Hunde, die andere für die Kinder. „Auf der einen Seite die Hunde-Abrichter. Auf der anderen Seite die Kinder-Abrichter." Die einen lassen kacken – die anderen machen Unterschriftslisten gegen die Kacken-Lasser, in die sich dann Zigtausende eintragen lassen. Da muss der Bürgermeister schon reagieren, da gibt's keine Würsteln: versprochene Anti-Kack-Kampagne Minimum.

Und schon im Dilemma. Denn was der Haas schreibt, ist die andere Medaillenseite: Da brauche man als Politiker einen Hund nur schief anschauen, „Wahldebakel schon fertig, da brauchst gar nicht mehr antreten".

Jetzt also marschieren wir durch den Augarten zur Bestandsaufnahme – und nichts davon. Augarten quasi Einöde. In Grün. Gleich am Eingang ein kleines Motiv des Gewaltsamen: „Wegen Sturm im gesamten Parkbereich Lebensgefahr!" steht da, als hätte das Haas formuliert. Denn:

Lebensgefahr nicht nur während eines Sturmes, sondern immer – „wegen Sturm".

Drinnen hingegen: Ruhe vorm Sturm. Keine Hunde- und keine Kinderfront. Nur ein paar Jogger drehen ihre einsamen Runden. Aber so ein Freitagvormittag hier ist weder Zeit noch Ort, dass irgendwas passiert. Keine Hundeabrichterfront, keine Kinderabrichterfront. Weit und breit kein Kind. Weit und breit kein Wauwau. „Die Hunde sind schon alle tot", lacht Christian.

Also derweilen ins „Awawa"-Büffet, gleich an der Parkmauer, für ein zweites Frühstück. Aber hier erfahren wir nur, warum es so heißt, das „Awawa". Der Besitzer habe als Kind immer so gesagt, wenn er ein Wasser wollte.

Jedoch der Wolf Haas – ob der wirklich gelegentlich hier sitzt, wie es heißt? „Ich kenn keinen Wolf Haas", weiß die Kellnerin mit Sicherheit. „Wer soll das sein? Aber ich bin erst die erste Saison hier." Die hinter der Budel hingegen, die ist schon länger hier. Allerdings hat die schon zu viel gesehen: „Vom Namen her kenn ich die Gäste fast überhaupt nicht. Ein paar vom Sehen." Und mit „mein Name ist Haas" hat sich hier noch keiner vorgestellt.

Christian erinnert sich derweilen, dass er einmal wirklich im großen, runden Flakturm drinnen war – wie der Brenner im Buch. Und natürlich beschreibt der Haas auch den Gestank darin und seine Ursache. Aber in diesem Falle ausgesprochen

dezent und nicht so wie der Christian. Denn seit dem Kriegsende haben den Flakturm nur die friedlichen Tauberln besiedelt und die tun jahrein jahraus nichts anderes da drinnen als Eier legen, brüten, kacken und sterben. Und das seit Jahrzehnten in Schichten. „Ein paar von denen schaffen es auch raus“, berichtet Christian von seinem Flakturm-Besuch. „Aber da drinnen, da hab ich Viecher ohne Federn gesehen. Die fressen sich gegenseitig auf.“

Die Ham-And-Eggs sind auch schon verzehrt und also streunen wir weiter durch den Park auf der Suche nach etwaigen Streunern. Und da hat er auch schon seinen großen Auftritt. Nicht das Seelische – sondern Aaron. Da passiert auf einmal was. Genauer: nicht viel. Aber gestern – da war was los.

Zuerst sehen wir sie nur von weitem – ein Stricherl und ein Punkterl am Ende einer großen Allee. Christian ist als erster bei ihnen und fotografiert schon, wie der Wiener Hundegott sie schuf. Das Herrl und daneben Aaron, sein Rottweiler. Ohne Maulkorb, aber heute mit Leine. Weil gestern: „Da war i vier Stund’ auf da Polizei“, berichtet es das Herrl. „Nur weil da Hund ohne Beißkorb und ohne Leine war. Derschossen hätten s’ ihn fast. Ziagt der eine glatt seine Puffen raus, weil i ka Leine anleg. Immer die Anzeigen wegen nix.“ Unrechtsbewusstsein: null-komma-nix. Weil Vorschrift is Vorschrift – die ihn nicht betrifft. Ist ja so friedlich, der Aaron.

Natürlich liegen sie auch jetzt, am frühen Freitagmittag, in der Wiese. Wie Horsti und Pamela ganz am Schluss im Roman. Es ist aber nicht die Wiese im literarischen Kinderschwimmbad – sondern jene genau vor dem großen runden Flakturm. Auch wird den beiden in der Wiese Liegenden kein vom Hubschrauberrotorblatt abgesäbelter Kopf vor die Nase geweht. Die beiden Mädchen lesen nur ganz friedlich ein Buch und diskutieren ein bisserl: „Migration von Frauen und strukturelle Gewalt.“

Aber das ist eine andere Geschichte.

Die Tristesse der Geilheit im Prater

*Arthur Schnitzler – „Der Reigen" und
der „Hasenstall"*

Es war ein langer, heißer Sommer. Da staut sich über die verschwitzten Monate hinweg so manches an. Ganz bestimmte Tage sind dann ganz besonders so. Da hängt die Geilheit richtig satt – oder besser gesagt: hungrig – in der Luft. Dieser Abend hätte sich auch über die Stunden hin in eine richtig lüsterne Sommernacht entfalten können – nachdem bereits den ganzen Tag über der Testosteronspiegel mit den Temperaturen stündlich mitgestiegen war.

Doch der Wurstelprater ist für so etwas eigentlich nicht wirklich förderlich. In ihm wird lediglich träge das Unterhaltungsbusiness abgewickelt, während rundum in den Alleen und Messestraßen die Tristesse der geschäftigen Geilheit ihren abendlichen Einzug hält.

Genau an diesem Ort waren in Arthur Schnitzlers „Reigen" der Soldat und das Stubenmädchen unterwegs – doch die waren schon ganz anders animiert: „Ein Weg, der vom Wurstelprater aus in die dunklen Alleen führt. Hier hört man noch die wirre Musik aus dem Wurstelprater; auch die Klänge vom Fünfkreuzertanz, eine ordinäre Polka, von Bläsern gespielt", heißt es in der Regieanweisung.

Doch da, wo Soldat und Stubenmädchen einst vom Tanz kamen, tanzen heute die BMX-Bikes auf den Rampen im Parcours. „Suck my dick" hat einer der Radartisten auf dem T-Shirt stehen. Wie ein Gruß vom Soldaten tönt das. Doch die eindeutige Zuordnung dieses Satzes kam erst viel später, erst über den Film und der ist vom Literarischen weit entfernt: In der „Akte Jane" wird er aus dem blutenden Mund regelrecht ausgespuckt, nicht vom Soldaten, sondern von der Soldatin. „Suck my dick!" – Demi Moore zischt dies, als einzige Frau unter den Navy-Seals-Anwärtern, wie sie vom Ausbilder über alle Grenzen hinweg schikaniert wurde. Und erlangt so den Respekt ihrer Kameraden.

Der Bursch hier heischt auch nach Anerkennung, wie er mit seinem Skateboard Kunststücke immer wieder und noch einmal probiert. Rauf und runter – rauf und runter. Ein anderer kommt mit einem Kinderwagen vorbei, in dem aber kein Kind brüllt, sondern die Musik; auf den Kinderwagen ist ein Lautsprecher geladen, aus dem der Techno wummert. Von der Schnitzler'schen Lüsternheit nicht die geringste Spur. Im kleinen Skaterpark.

Ein Stück weiter, ebenfalls an der Grenze vom Wurstel- zum Grünen Prater, verspricht zumindest der Name des Lokals schon ein bisserl mehr Schnitzler-Stimmung. Da lädt das „Tanz- und Stimmungslokal Hasenstall" zur einschlägigen Hasenjagd ein. Drinnen jedoch gähnt nicht nur die Leere, es gähnen auch die paar wenigen hoffnungsvollen und von Amors Pfeilen noch schmählich gemiedenen Gäste. Obwohl doch für jeden Freitag hier eine „Flirt- und Single-Night" versprochen wird.

Zugegeben: Vielleicht sind wir ja wirklich noch ein bisschen zu früh dran an diesem Abend, und möglicherweise heißt es im neonblinkenden „Hasenstall" ja dann später doch noch: „Was man so merkt, beim Tanzen. Da merkt man gar viel! Ha!" – „Aber mit der Blonden mit dem schiefen Gesicht haben S' doch mehr 'tanzt als mit mir." – „Das ist eine alte Bekannte von einem meinigen Freund."

Ein Stück weiter nur, in der Südportalstraße hingegen, gleich vor der lange sich hinstreckenden Absperrung des Messegeländes, da geht es am jungen Abend schon ziemlich direkt zur Sache: „He, Schatzi!", rufen sie über die Straße herüber. Mit südländisch getöntem „Xs, xs!" und einem noch viel südlicher gerolltem „Rrrrrrrrrrr" locken sie dort professionell alle Vorbeimarschierenden an. Sie scheinen sich zu freuen, wenn einmal Männer zu Fuß vorbeikommen. Viel wird hier ohnehin nicht flaniert – die meisten ziehen mit ihren Autos die Runden und bilden ihren Reigen der zahlungsbereiten Geilheit.

Das ist allerdings jenes Motiv, das Schnitzler im ersten Bild seines Theaterstücks „an der Augartenbrücke" geschehen lässt. Doch damals, zu Schnitzlers Zeiten, da gab's noch kein „Xs, xs!" und kein „Rrrrrrrrrrr" als Lockruf – da hieß es noch weit blumiger: „Komm, mein schöner Engel – willst du nicht mit mir kommen?" Die Antwort war allerdings damals wie heute die gleiche: „Ich hab' keine Zeit." Und vor allem: „Geld hab' ich eh keins." Bei Schnitzler gibt's daraufhin eine etwas unglaubwürdige Antwort: „Ich brauch' kein Geld." Am Ende kommt allerdings dasselbe heraus – als nämlich der Soldat nicht einmal ein Sechserl für den Hausmeister rausrücken will, ruft sie ihm nur noch nach: „Strizzi! Fallott!"

Quasi „Suck my dick!"

Doch heutzutage würde kaum noch jemand von der Brücke hinunter auf die Wiese drängen und schieben, um sich dort neben dem Bankerl einem „---------------" hinzugeben. Mit diesem „---------------" ist bei Schnitzler in den zehn Bildern des „Reigens" stets der kleine Moment angedeutet, der zwischen dem drängenden Anbahnen und dem eiligen Sich-wieder-Verabschieden liegt. Dass es hier am Donaukanal also kaum noch zu einem „---------------" kommt, liegt vielleicht daran, dass der Kanal nun an beiden Seiten mit Häusern und neugierigen Fenstern bestückt ist, während zu jener Zeit, zu der Schnitzlers Stück spielt, so um 1900 also, das Gelände bei der Augartenbrücke noch frei und unverbaut war. Bei der Augartenbrücke geht es inzwischen auch eher runter

zum Musikalischen ins „Flex". Und auch weiter oben, bei der
„Summerstage", huscht gelegentlich vielleicht das eine oder
andere Pärchen hinter die eine oder andere Säule – aber
höchstens zum Auftakt, alles andere verbietet das romantik-
arme Vorbeirattern der U-Bahn.

Doch auch im Prater ist die Südportalstraße im Grunde
genommen nur noch der Ausläufer vom Straßengeschäft, wie
es in früheren Jahren hier angebahnt wurde. Nach drüben,
ins Stuwerviertel, dahin sind sie übersiedelt, dort sind die
kommerziellen und professionellen Hasenställe reihenweise
angesiedelt, vor denen die Freier schwirren und auch unschul-
digen Mädchen den Heimweg versauen.

Wir streunen weiter in der schwülgeilen Sommernacht
durch den Prater. Wieder rein in den Wurstelprater und dann
wieder ein wenig hinaus, in die stiller werdenden Seitengassen. Früher wäre das alles viel leichter gewesen – da wären
wir einfach von mir aus auch tagsüber hineinmarschiert in
das erste Porno-Museum, das es seinerzeit im Prater gab und
das uns jungen Burschen bereits wegen seiner verklemmten
Harmlosigkeit amüsante Stunden bescherte. Da drehte sich
alles nur um's „----------------".

Aber so was von überhaupt nicht anregend. Und wer
braucht so etwas heutzutage noch – wo einem schon auf
offener Straße von Unterwäsche-Plakaten weit mehr Lüsternheit entgegenkommt. Wo einem tagtäglich aus Film und Fern-
sehen noch weit expliziter präsentiert wird, was sich Schnitzler
vor nun über hundert Jahren nicht so direkt auf die Bühne zu
fantasieren wagte.

Das waren eben noch andere, heuchlerisch-keuschere
Zeiten, damals, als Schnitzler seine Werke verfasste: Nicht nur,
dass 1904 die Buchausgabe des Stückes in Deutschland
auf Antrag der Berliner Staatsanwaltschaft verboten wurde.
Auch viel später noch, im Jahre 1920, wurde versucht, die
erste Aufführung des „Reigen" am Kleinen Schauspielhaus in

Berlin zu untersagen. Und dann 1921 in Wien, als nach Angriffen in Zeitungsartikeln immer mehr Störversuche die Aufführungen in den Kammerspielen des Deutschen Volkstheaters unterbrachen. Eine organisierte und inszenierte Empörung war das. Bis hin zu Stinkbomben und Prügeleien während der Abendvorstellung am 16. Februar 1921. Tags darauf verbat die Wiener Polizei weitere Aufführungen aus Gründen der öffentlichen Ruhe und Ordnung.

Schnitzler beantragte dann selbst beim S. Fischer Verlag, keine weiteren Aufführungen des „Reigens" mehr zuzulassen. Ein Wunsch, den sogar sein Sohn noch vollzog. Sogar bis ins Jahr 1981. Die Offizierswürde hatten sie Arthur Schnitzler übrigens schon lange vor dem großen Aufführungsskandal rund um den „Reigen" aberkannt. Aber das war bereits 1901 – wegen des „Leutnant Gustl", ein Werk, das das Ansehen der österreichisch-ungarischen Armee beschädigt habe, so das damalige Urteil gegen Schnitzler.

Wir ziehen weiter unseren sommerabendlichen Praterreigen. Da, endlich doch noch, in einer der stillen Alleen: Ein Pärchen kehrt innig vom heimlichen Ausflug zurück. Die beiden nähern sich still wieder dem Trubel. Und das sieht so gänzlich anders aus, als es Schnitzler beschrieb: „Ja, Franz, schau, ich muss zu Haus geh'n …" – „Na ja, geh' halt zu Haus." – „Ich hab' halt 'dacht, Herr Franz, Sie werden mich z'hausführen." Die Antwort ist nun einmal eine, wie sie gegeben wird, wenn die Männlichkeit sich erleichternd entladen hat: „Z'hausführen? Ah!"

Da hat es aber ganz bestimmt nicht vor ein paar Momenten noch geheißen: „… Ich kann dein G'sicht gar nicht sehn." – „A was – G'sicht …"

„–––––––––––––––––"

Diese hier gehen jetzt auch danach noch Arm in Arm, innig verbunden. Sie wird ihn gewiss nicht mehr bitten müssen: „Heut' bleiben S' mit mir, schaun S' – ." Und er wiederum wird sie sicherlich nicht abwimmeln mit: „Ja, ja, schon gut. Aber tanzen werd' ich doch noch dürfen."

Trotzdem – eine Runde noch, ein kleiner Reigen des Schauens und Beobachtens. Wir landen wieder vor dem „Hasenstall": Zwei Mädchen, mehr an scheue Rehlein denn

an geladene Hasen erinnernd, nähern sich dem Lokal. Sie zögern kurz, weichen zurück, kommen dann doch wieder von der Straße her und treten ein zum Abtanzen.

Das dauert heute also wirklich noch ein Weilchen, bis sich die Frage des „Z'hausführens" stellt. Der Sommer war ja lang und heiß genug.

Die geliebte Wasserwiese im grünen Prater

Joseph Roth – „Die Kapuzinergruft" und eine Siedlung
aus der Zeit der großen Not

Erst der „Radetzkymarsch" und dann die „Kapuziner-gruft": Joseph Roth spiegelte mit der Familiengeschichte der Trottas den wehmütigen Niedergang der k.u.k. Monarchie wider. Von der Heldentat bei der Schlacht von Solferino samt Rettung des jungen Kaisers Franz Joseph bis hin zu den Worten „Wohin soll ich jetzt, ich, ein Trotta?". Eine Welt des Vergehens, des Schon-gar-nicht-mehr-Seins.

Es sind im Grunde nur recht wenige lokalisierbare Orte, die Roth auf seinem Streifzug durch die niedergehende Monarchie beschreibt. Neben der Namen gebenden Kapuzinergruft im kaiserlichen Wien werden etwa Kaffee-häuser erwähnt, die man im Wien des 21. Jahrhunderts immer noch kennt. Das reicht vom legendären Café Demel, das mit einem Club im Hinterzimmer, in dem Udo Proksch verkehrte, auch noch die Grundfesten der Zweiten Republik erschütterte bis hin zum Café Museum am Karlsplatz.

Letzteres ist auch so ein Mahnmal des Vergehens, da das Café Museum so um die neuerliche Jahrhundertwende saniert und dabei, so wurde beteuert, der historisch originalen Ausstattung wieder angepasst wurde. Was im Prinzip stimmt, wenn man das Neue mit alten Aufnahmen vergleicht, das aber trotzdem nicht wirklich funktioniert, weil gleichzeitig das alte, von der Patina der Jahrzehnte mit Würde überzogene Kaffeehaus unserer Kindheitstage verschwunden ist. Damals, wo wir als Halbwüchsige verzaubert den vermeintlichen

Großmeistern beim Blitzschach zusahen und Zeugen wurden, wie sie ob des zu frühen Auf-die-Uhr-Klopfens in Streit gerieten. „Da hast!", rief damals der eine, „fuffzig Schilling für die Partie und fuffzig dafür, dass't nie wieder mit mir redest!" Mein Freund und ich, wir empfanden uns damals als Zeugen einer großen, einer gewaltigen Auseinandersetzung, die wir als Unparteiische sogar schlichten konnten: Der Ausbezahlte kam nämlich rasch zurück: Er könne damit nicht leben, „Da hast dein Geld wieder." Der andere trutzte, den Hunderter werde er ganz sicher nimmer annehmen, der erste drängte auf: Bis wir schließlich einen Kompromiss vorschlugen: „Wenn's keiner von euch will – dann gebt's doch uns das Geld." Das Schachspiel konnte fortgesetzt werden – und wir konnten uns einen Kinobesuch leisten. Diese Erinnerung also vor der alten, vertrauten und verrauchten Kulisse des Café Museum und jeder wird verstehen, dass das Lokal mit seiner neu angefertigten „historischen" Einrichtung noch lange nicht akzeptiert werden kann. Das braucht wieder ein paar Jahre Patina.

Doch zurück zu Roth und seinem Streifzug durch die darniedergehende Kaiserstadt. Das Hotel Regina kommt nebstbei vor. Und dann gegen Ende der Besuch in Steinhof beim verrückt gewordenen Bruder des befreundeten Grafen Chojnicki mit der erschütternden Aussage: „Meine Residenz ist Steinhof", spricht da der Wahnsinnige. „Von nun ab, seitdem ich hier wohne, ist es die Haupt- und Residenzstadt von Österreich. Ich bewahre hier die Krone."

Ein Ort in diesem alten, kaiserlichen Wien jedoch, der blieb Franz Ferdinand von Trotta in ganz besonderer Erinnerung: seine „geliebte Wasserwiese im Prater". Denn niemals vergesse man die Rekruten, mit denen zusammen man das Marschieren erlernt habe, das Gewehrputzen und die Gewehrgriffe, das Packen des Tornisters. „Niemals vergisst man dies und die Wasserwiese, auf der man laufen gelernt hat, mit angezogenen Ellbogen und im Spätherbst die Gelenksübungen, im grauen Nebel, der um die Bäume ging und jede Tanne in eine blaugraue Witwe verwandelte und die Lichtung vor unseren Blicken, auf der bald, nach der Zehn-Uhr-Rast, die Feldübungen beginnen sollten, die idyllischen Vorboten des roten Krieges. Nein, das vergisst man nicht. Die Wasserwiese der Einundzwanziger war meine Heimat."

Eine Heimat, die mit dem Reich verging, die es so nicht mehr gibt. Genauso, wie auch die anderen imperialen Exerzierplätze aus dem Stadtbild längst verschwunden sind. Da gab es zum Beispiel draußen in den damaligen Vorstädten, beim Linienwall, die „Schmelz": Die war bis zu Beginn des 20. Jahrhunderts gänzlich unbesiedelt und diente ab 1847 als Exerzierplatz. Erst 1911 gab das Militär zehn Hektar – das entspricht in etwa einem Fünftel des gesamten Geländes – zur Verbauung frei. Ab 1912, und vor allem dann nach dem Ersten Weltkrieg, wurden jene Häuser erbaut, die heute im 15. Wiener Gemeindebezirk das so genannte Nibelungenviertel bilden, da viele Straßen, Gassen und Plätze hier nach Gestalten des Nibelungenliedes benannt sind.

Oder jener andere Exerzierplatz, weiter drinnen beim Stadtzentrum – der sich genau dort befand, wo heute das Rathaus der Stadt steht. Ein Gebäude, in dem über die Jahrzehnte hinweg die mannigfaltigsten Intrigen gesponnen wurden. Doch die schönste und wohl gelungenste rund um diesen Bau war bereits gesponnen worden, als er noch gar nicht stand. Als hier noch die Soldaten ihren Übungen nachgingen.

Das war zu der Zeit des sich neigenden 19. Jahrhunderts, als die Stadtmauern bereits geschliffen waren und an ihrer Stelle die Ringstraße und links und rechts von ihr die neuen Prachtbauten entstanden. Zu jenem Zeitpunkt war noch geplant, dass das neue Wiener Rathaus an jenem Ort entstehen sollte, an dem sich heute der Stadtpark befindet. Sogar die Baugrube war damals schon ausgehoben worden – da sich aber dann sehr lange nichts tat, war diese Grube im Wiener Volksmund bereits das „Kommunalloch" genannt worden. Und offenbar war allen Beteiligten inzwischen klar geworden, dass jener Bauplatz wohl nicht der richtige sei.

Angesichts dieses Dilemmas wurde nun der damalige Bürgermeister Cajetan Felder aktiv. Jener Bürgermeister, der auch für den Bau der ersten Wiener Hochquell-Wasserleitung und des Wiener Zentralfriedhofs sowie der Donauregulierung verantwortlich zeichnet. Besagter Cajetan Felder also beantragte im Wiener Gemeinderat kurzerhand – aber wie sich später erst zeigte, von langer Hand vorbereitet – den Neubau des Wiener Rathauses auf dem riesigen Josefstädter Parade- und Exerzierplatz. Die Abgeordneten des Gemeinderates – auch jene, die solches keinesfalls wollten – stimmten zu. Denn, so spekulierten sie: Niemals würde der Kaiser dem zustimmen und somit wäre er der Verhinderer. Was aber zu diesem Zeitpunkt niemand wusste: Dass Bürgermeister Felder sein Vorgaben bereits längst während einer der berüchtigten Früh-Morgen-Audienzen mit Kaiser Franz Joseph I. abgesprochen hatte. Als dann zwei Wochen später die kaiserliche Genehmigung für den Neubau eintraf, war im Alten Rathaus der Teufel los. Aber der neugotische Friedrich-Schmidt-Bau wurde genau dort errichtet, wo er heute immer noch steht. Im Jahre 1899 wurde übrigens dann auch eine Straße neben dem Neuen Rathaus nach Cajetan Felder benannt. Davor hatte sie „Magistratsstraße" geheißen.

Die k.u.k. Exerzierplätze aber sind längst im Gestern verschwunden. Und so sind die Einzigen, die sich auf der herbstlichen Wasserwiese im Prater körperlich ertüchtigen, zwei Frauen, die joggend ihre Runden drehen. Und die Hunde, die auf der anderen Seite der Straße beim ÖGV Heustadl-wasser abgerichtet werden. Die Tiere beim „Österreichischen

Gebrauchshundesport-Verband" sind die Einzigen, die hier noch exerzieren.

Vor allem aber ist die Wasserwiese auch heute noch Zeuge dessen, was mit und nach dem Ersten Weltkrieg kam: die große, die bittere, die verzweifelte Not. Auch wenn es hier jetzt längst wieder herbstlich versonnen und idyllisch zugeht, in der Kleingartensiedlung Wasserwiese.

Versonnen steht Herr Krascovic in seinem Kleingarten, Gruppe 22, Parzelle 32, schmaucht seine Pfeife und betrachtet das jüngste Werk, das gerade im Entstehen ist: ein Swimmingpool. Die Häuser, die nunmehr auf der Wasserwiese stehen, seien „eine klassische Siedlung aus der

Schrebergartenbewegung nach dem Ersten Weltkrieg", weiß Herr Krascovic uns zu berichten. Obstbäume zeugen noch von dieser Zeit, wie auch die Gemüsebeete, „eine wichtige Zukost, die damals sehr viel bedeutet hat".

Heinz Krascovic ist seit 1972 auf der Parzelle 32 und liebt sie – „es ist ja, als würde man in London im Hydepark wohnen", schwärmt er. Oder mitten im Wiener Stadtpark. Obstbäume und Gemüsebeete hat er sich erhalten, „das ist für mich etwas sehr Wertvolles, ein schönes Hobby. Die eigenen Paradeiser, direkt am Strauch gereift – das ist einfach wunderbar". Selbstredend bereitet der geschichtsbewusste und naturverbundene Schreber-

gartenbesitzer auch den eigenen Kompost selbst zu.

Dabei befindet sich die Siedlung in unmittelbarer Nähe der Südost-Tangente, die seinerzeit mitten durch das Landschaftsschutzgebiet auf Stelzen errichtet worden war. „Heute wäre das ein Ding der Unmöglichkeit", ist Herr Krascovic felsenfest überzeugt, „aber das war halt noch die Zeit, in der man an die autogerechte Stadt geglaubt hat." Damals aber hatte sein Vorgänger angesichts des Stelzenstraßen-Projektes die Flinte ins Korn geworfen – oder besser gesagt die Schaufel in die Baugrube. Das Baumaterial sei schon angeliefert gewesen, die Künette ausgehoben. Damals musste sich Herr Krascovic schnell entscheiden, ob er den Schrebergarten übernimmt oder nicht. „Ich bin damals auf den ausgehobenen Erdhaufen hinaufgestiegen und hab einfach gehört, ob mich die Autobahn stören wird oder nicht." Er entschied sich damals für: Nein. Und hat dies bis heute nicht bereut.

Und dankbar ist der passionierte Schrebergärtner – vor allem dem früheren Wiener Bürgermeister Helmut Zilk. „Wir hatten Glück, dass damals die Politik mitgespielt hatte. Als man Hüttln, die an Notzeiten erinnerten, eigentlich nur noch weghaben wollte. Damals hat der Dr. Zilk gesagt: ‚Na – dann gebt's es ihnen doch.'" Jetzt sei die Siedlung „praktisch ein Dorf in der Stadt. Die Gruppenleiter sind der Gemeinderat, der Obmann unser Bürgermeister".

Dem Gemüse und dem Swimmingpool kann sich Herr Krascovic jetzt ausführlicher widmen, seit er als Techniker beim ORF in Pension gegangen ist. Und zum Militär und dem Exerzieren hat auch er längst keinen Bezug mehr. Seinerzeit, als er seinen Wehrdienst leistete, war der Prater für ihn noch kein Thema. In den 60er Jahren war er in Salzburg bei der Grundausbildung. Als Feinmechaniker diente er da.

Aber das ist ihm sichtlich nicht mehr sehr wichtig. Bei weitem nicht so wichtig wie die geliebte Wasserwiese im Prater.

Frau Gürtler im Ungargassenland

Ingeborg Bachmann – „Malina" und
die Nützlichkeit einer Straße

Frau Gerti Gürtler verneint, ohne auch nur einen Augenblick lang zu zögern. Ob die Wiener Ungargasse „schön" sei? „Nein", sagt Frau Gürtler, und dann gleich noch einmal mit Bestimmtheit: „Nein. Wahnsinnig praktisch ist sie. Die Nähe zur Stadt, zu öffentlichen Verkehrsmitteln, zum Flughafen – aber schön ist die Ungargasse ganz sicher nicht."

Eine Meinung, die Gürtler – in ihrem Haus Ungargasse 6 – uneingeschränkt mit Ingeborg Bachmann teilt. Schließlich finden sich fast ebendiese Worte in Bachmanns „Malina" wieder: „Noch nie hat jemand behauptet, die Ungargasse sei schön, oder die Kreuzung Invalidengasse-Ungargasse habe ihn bezaubert oder sprachlos gemacht."

Und so wie die Ungargasse für Gürtler in erster Linie einmal „praktisch" ist, macht sich das „Ungargassenland" in Bachmanns „Malina" vor allem einmal „nützlich". Und sie zählt auf: zunächst mit zahlreichen Kaffeehäusern sowie Gaststätten wie dem „Alten Heller". Auch die Garage, die Automag hieß, sei „brauchbar", bemerkt Bachmann, ebenso wie die Neue Apotheke, eine Trafik in der Nähe der Neulinggasse. Vor allem aber sei eine „gute Bäckerei", wie jene an der Ecke zur Beatrixgasse, besonders brauchbar und nützlich.

In ihrer Hommage an die Ungargasse geht Bachmann im Grunde sehr weit: „Man könnte sagen, sie sei eine besondere Gasse"– aber das könnte man nur sagen, Bachmann sagt das sogar in ihrem Roman nicht direkt. Schließlich betont sie ja auch, dass der Blick auf die Welt vom 3. Bezirk aus ein „beschränkter" sei und nur aus dieser Perspektive sei man geneigt, „die Ungargasse herauszustreichen, über sie etwas herauszufinden, sie zu loben und ihr eine gewisse Bedeutung zu verleihen".

Das Besondere des „Ungargassenlandes" war in Bachmanns Augen, dass jenes sich zwar dem Diplomatenviertel nähert, dieses aber nur streife, es sozusagen ignoriere und keinerlei Verwandtschaft mit dem „Nobelviertel" habe. Dabei hatte Bachmann gewiss auch anderes im Sinne als die edle Noblesse einer Frau Gerti Gürtler.

Aber die Ungargasse habe teils schon „ein gewisses Air" –
weiter oben auf der Höhe des Consolato Italiano und dem
italienischen Kulturinstitut. Aber dies hielt sich zu Bachmanns
Zeiten auch in Grenzen, schließlich fuhr da nicht nur,
wie heute noch, der hier besonders altmodisch anmutende
O-Wagen, sondern da gab es auch noch eine „Garage für
Postautos" mit zwei Tafeln mit den Aufschriften „Kaiser
Franz Joseph I. 1850" und „Kanzlei und Werkstätte". Da
sei es auch schon vorbei mit den „Anstrengungen sich zu
nobilitieren". Für die Schriftstellerin war dies eher ein
Anklang an das Vorleben dieser Straße, der „Hungargasse",
in der die Kaufleute aus Ungarn einreisten, Pferde-, Ochsen-
und Heuhändler hier ihre Herbergen und Wirtshäuser
gehabt hätten.

Wenn sich etwas veränderte, waren dies für Bachmann
„beleidigende Neuerungen", es war ihr tröstlich, dass ein
Fremder die Ungargasse nie zu sehen bekommen würde,
weil man in ihr nur wohnen könne. Tatsächlich reicht der
touristische Radius wohl kaum über den Rennweg und das
Belvedere hinaus. Oder sie logieren unten, beim Stadtpark, im
Intercontinental.

Solch „beleidigende Neuerungen" gibt es in der Ungargasse inzwischen genug. Und keine erinnert im Frühling des
Jahres 2006 daran, dass sich in diesem Jahr der Geburtstag
Bachmanns zum 80. Mal jährt. So, wie generell diese Rundung
des Jahrestages im Schatten des allgegenwärtig zelebrierten
Mozartjahres stand. Eine Bachmann eignet sich nun wirklich
kaum dazu, dass man sie mit süßen Kugeln vermarkten oder
ihr Konterfei auf Häferln drucken könnte.

Wir beginnen unsere Wanderung durch Bachmanns
Ungargassenland der Beschreibung entgegengesetzt und
wandern vom Rennweg stadteinwärts. Dort, wo sich die Gasse
immer noch recht nützlich macht. Sei es mit einem
„Schwimmbad und Sauna-Center" oder dem Schuhservice

mit Schlüsseldienst. Auffallend ist die hohe Dichte an Installateuren (Klempnern) in dieser Gasse. Das Wäschegeschäft „Denk Dagmar" mit seinen amputierten und bestrumpften Puppenbeinen in der Auslage sieht ganz so aus, als hätte es schon zu Bachmanns Zeiten seine Wäschewaren feilgeboten. Und hatte die Ungargasse damals noch „ein gewisses Air" – so hat sie jetzt zumindest ein „Café Flair".

Der Gipfel der Nützlichkeit ist in diesem Jahr mit Gewissheit jener Kran, der für einen Dachbodenausbau hier aufgestellt wurde – genauer: nicht aufgestellt, sondern in luftiger Höhe im zweiten Stock montiert, damit unten drunter nach wie vor Autos wie Straßenbahn durchbrausen können.

Geradezu verblüffend ist die wiederholte Verbindung von Religiösem mit Mobilität in dieser Gasse: Hier eine Kfz-Reparaturwerkstätte, bei der gleich nebenan Gläubige mit einem Schild „Jesus is Lord" um Gleichgesinnte werben. Weiter unten teilt sich auf Nummer 16 ein weiterer Kfz-Fachbetrieb das Gebäude mit dem Evangelischen Sozialzentrum Wien. Nur die „Jüngergemeinschaft in der katholischen Kirche" auf Nummer 3 hat keine derartige mobile Entsprechung. Dafür aber als Nachbarn das „Böhmerwaldmuseum Wien und Erzgebirger Heimatstube" mit seinen „über 13.000 Schaustücken!".

Manches hat bestand; das „Restaurant zum Alten Heller" gibt es immer noch – je weiter hinunter man aber in Richtung Stadtpark wandert, desto blinder werden die Scheiben der Auslagen. Das Beatrixstüberl etwa – nicht an der Beatrixgasse, sondern an der Ecke zur Münzgasse –, das war früher einmal ein legendäres Taxler-Café. Eines der ersten Lokale in Wien, das 24 Stunden lang geöffnet hatte. Jetzt ist es 24 Stunden täglich geschlossen. Seit Jahren schon.

Und dann mitten drinnen das auch von Bachmann erwähnte „Instituto Italiano di Cultura", das für seine Sprachkurse mit „mare – sole – pasta ... basta?" wirbt. Das

allein tönt bereits, als würde es an den tragischen Tod Bachmanns erinnern, die 1973 in Rom an den Folgen von Verbrennungen starb, nachdem ihr Bett Feuer gefangen hatte. Gleich neben dem italienischen Kulturinstitut hat inzwischen die „Bestattung Wien" ihr „Kundenservice Landstraße" eingerichtet.

Doch nichts und niemand gedenkt im ganzen Ungargassenland direkt und auf offener Straße der Schriftstellerin. Obwohl immer wieder Literarisches zu finden ist. An einer Gedenktafel – gleich neben der „Bestattung Wien" – wird etwa erinnert: „In diesem Haus weilte seine letzten zwei Lebensjahre Petar Preradovic, der große kroatische Dichter." Auch zeigt sich gelegentlich, dass die hier Lebenden durchaus einen gewissen Bezug zur Lyrik haben. In einer Auslage finden wir: „Des Bäckers Arbeit und Fleiß / heute nicht jeder zu achten weiß / ist der Mensch jedoch in Not / schätzt er wieder des Bäckers Brot."

Zugegeben: An Ingeborg Bachmann erinnert dies auch nicht wirklich.

Nur im Haus Nummer 6, jenem, das Frau Gerti Gürtler gehört, der Witwe des früheren Sacher-Besitzers Peter Gürtler, wird im Inneren an die Schriftstellerin und ihr Ungargassenland erinnert. Hier hatte in „Malina" die Ich-Erzählerin ihre Wohnung. Allerdings: Tatsächlich gewohnt hat Ingeborg

Bachmann in diesem Haus nie, das weiß Gürtler – wie Bachmann ist auch sie gebürtige Kärntnerin – mit Sicherheit. Das habe wohl auch damit zu tun, dass Bachmann in ihrem Leben vieles verschleiern wollte, glaubt die Hausbesitzerin.

Wie auch in der literarischen Vorlage sieht man von den oberen Stockwerken des Hauses Ungargasse 6 hinüber zur Nummer 9, in dem der Evangelische Pressedienst seinen Sitz hat. Die Löwenköpfe am Tor von Nummer 9 dürften eine beliebte Trophäe sein – sie seien nicht mehr die Originale, sondern längst ausgetauscht worden, erinnern sich zwei Männer vom hier wohnhaften Ungargassenurgestein. Ein Trophäensammeln, obwohl äußerlich rein gar nichts daran erinnert, dass im Roman hier Ivan wohnte.

Auf Nummer 6 ließ Frau Gürtler im Eingangsbereich ihres Hauses dem Roman und seiner Beschreibung zu Ehren vor Jahren schon eine Gedenktafel anbringen: „Mein Königreich, mein Ungargassenland, das ich gehalten habe, mit meinen sterblichen Händen", ließ Gürtler aus „Malina" zitieren.

Im Jahr 2006 scheint aber auch die Musik eine mögliche Brücke zu Bachmann zu bieten. Es wurden zu ihren Geburtstagsehren auch Kompositionsaufträge vergeben, die sich mit der Schriftstellerin und insbesondere ihrer Haltung zum Krieg auseinander setzen sollten.

Genau gegenüber von Frau Gürtlers Haus in der Ungargasse steht jenes, in dem Ludwig van Beethoven eine Zeit lang wohnte. Nicht nur eines, sondern gleich drei Schilder in unterschiedlichster Ausführung erinnern daran, dass er hier im Winter 1823/24 die 9. Symphonie komponiert hat. „Die Musik zur ‚Ode an die Freude' ist seit 1972 die Europäische Hymne", wird auf einer Tafel noch extra betont – sie hängt gleich neben einem weiteren Schild, das ins ebenfalls in diesem Haus beheimatete Lokal einlädt: „Bier Teufl", das „Haus der 100 Biere". So werden jedem seine größeren und kleineren Freuden geboten oder serviert.

Wir schauen in den Innenhof dieses Hauses – und der sieht zurzeit ganz und gar nicht aus, als könne man hier etwas zur Ode an die Freude komponieren. Aber genau genommen war ja auch Beethoven ganz sicher nicht der lustige Gampel, dem man das zugetraut hätte. So kann man sich täuschen. Im Innenhof des Hauses Ungargasse 5 finden sich beim näheren Hinsehen zwei Gartenstühle; der eine mit einer auf die Lehne gemalten kubanischen Fahne, der andere mit einem roten Herzerl. Darüber wehen buddhistische Tempelfahnen im sanft in den Innenhof hinein streichenden Wind.

Nur ein kleines Stück weiter unterhalb des Gürtler'schen Bachmann-Hauses, um die Ecke von der endenden Ungargasse, stand jenes Haus, in dem Johannes Brahms 1869 bis 1871 logierte. Früher war dies das „Haus zur Goldspinnerin" – heute ist es das „Hotel zur Goldenen Spinne", in dem Männer auch stundenweise ins Netz gehen können.

Ein Stück weiter oben in der Ungargasse wiederum nimmt gerade die Wiener Musikuniversität vom Viertel Besitz. Lugt man in die Beatrixgasse hinein, sieht man, wie dort im Moment neu gebaut wird – das Eckhaus davor blieb gerade noch wie eine Theaterkulisse stehen. Auf Nummer 14 hat die Musikuni bereits das Ungargassenland erreicht. Das Gelände erstreckt sich dann nach hinten, bis zur Linken Bahngasse. Dort wurde das gesamte Gelände der ehemaligen Veterinäruniversität musikalisch neu definiert – und daher wurde auch gleich die Bahngasse davor in Anton-von-Webern-Platz umbenannt.

So ziehen wir weiter, die Beatrixgasse entlang, bis hinüber zur Nummer 26. Hier stoßen wir auf die Wahrheit, die Bachmann nur in einem Nebensatz in „Malina" versteckt hat: „... wenn ich einbiege in meinen Bezirk, von der Beatrixgasse her, in der ich früher gewohnt habe". In den Jahren 1946 bis 1949 war das – und dieses Faktum wird an diesem Gebäude jetzt, lange nach Bachmanns Tod, ebenfalls mit einer Gedenktafel festgehalten.

Im weitläufigen Innenhof dieses Hauses Beatrixgasse 26, den sie inzwischen „Ingeborg-Bachmann-Park" genannt haben, kann man an lauen Sommerabenden erlesener Bratschenmusik lauschen, die aus einem der Fenster heruntertönt. Doch das hat bereits nichts mehr mit Ingeborg Bachmann zu tun – sondern vielmehr damit, dass viele Musiker und Professoren die Wohngegend nahe dem Dreieck Musikverein, Konzerthaus und Musikuniversität ausgesprochen praktisch finden.

IN DIESEM HAUSE WOHNTE
1946 - 1949
INGEBORG BACHMANN

ÖSTERREICHISCHE
GESELLSCHAFT FÜR LITERATUR

Die Bäume sind Zeugen in der Petrusgasse

Robert Menasse – „Selige Zeiten, brüchige Welt"
und ein Stadtplan der Demonstrationen

Das sieht ganz so aus, als hätte es erst gestern hier gekracht. Vielleicht hat es das ja auch. Es ist sogar ziemlich wahrscheinlich, dass es in der vergangenen Nacht war, dass hier wieder einmal ein Auto gegen den Baum gekracht ist. Die Beweisstücke kullern noch auf dem Boden herum. Das Buch, in dem das sehr genau beschrieben wird, ist allerdings bereits im Jahr 1991 erschienen.

Die Bäume der Petrusgasse in Wien-Landstraße haben es zweifellos nicht leicht. Immer wieder wird ihre Existenz von brachialen Ereignissen bedroht. Sobald wir sie betreten haben, hören wir auch schon das Aufjaulen einer Motorsäge, Zweige fallen von oben herab auf die Straße, ein Mann in grüner Latzhose wacht darüber, dass ja keiner von einem Ast getroffen werde. Dieses Sägenjaulen und überwachte Runterfallen ist allerdings nur Kosmetik; der herbstliche Schnitt. Als hätte die Stadt vom Schicksal eines ihrer großen Literaten gelernt und möchte nun umsichtig verhindern, dass ein weiterer wie Ödön von Horváth – jener allerdings im Pariser Exil – durch einen vom Sturm entrissenen Baumast erschlagen würde.

Wirklich an die Substanz der Baumriesenallee der Petrusgasse geht es allerdings weiter unten. Vor der Hausnummer 6 steht ein VW Golf mit eingedellter Seitenwand. Genau gegenüber ein VW-Transporter mit eingedrückter Hecktüre. Und genau vor dem Baum liegt eine Radkappe. Zugegeben: Dieses Teil ist von Audi, aber

einem Baum ist das ziemlich egal, von wem er nächtlich ramponiert wird.

In Robert Menasses Roman „Selige Zeiten, brüchige Welt" ist es genau dieser Baum, der von einem VW – genauer: von einem VW Käfer – ziemlich malträtiert wird. Und zwar als Leo, der Philosoph, Judith nach Hause bringt, in die Petrusgasse, beschrieben als eine ruhige, kleine Allee. Es entspinnt sich eines dieser Abschiedsgeplänkel – er tät gern mit hinauf kommen, sie ist müde, er fragt, ob nicht doch, schon krächzend fast, sie bleibt aber hart, er muss heim.

Er startet also den Motor, schlägt das Lenkrad ein, um zu wenden, gibt bereits Gas, ist in Gedanken aber noch bei ihr, versucht durch den Rückspiegel noch zu sehen, wie sie das Haustor aufsperrt, er „sah im Rückspiegel wie Judith sich noch einmal nach ihm umblickte, da verschwand ihr Bild aus

dem Spiegel, als wäre es weggewischt, Leo warf den Kopf zurück, da gab es einen Krach und einen Ruck, der seinen Oberkörper nach vorne riss – Leo war beim Wenden an einen Baum auf der gegenüberliegenden Straßenseite angefahren". Der Schaden ist ein beträchtlicher, wenn auch das Auto selbst noch fahrtauglich bleibt: Die Front des VW-Käfers sei V-förmig eingedrückt gewesen und „die Scheinwerfer des Autos waren wie die Augen eines Schielenden schräg einwärts gerichtet…"

Dass es sich bei dem angefahrenen Baum um jenen genau gegenüber der Hausnummer 6 handelte, steht zwar nicht im Buch – aber das verrät uns Robert Menasse während eines Telefonates: „Meine Mutter lebte in diesem Haus", in der Petrusgasse Nummer 6 also, berichtet der Autor, „ich war nur zwei, drei Mal dort, an Wochenenden. Ich hatte ja nicht oft dazu Gelegenheit, da ich ja sonst im Internat war."

Und so hatte Menasse auch all jene nicht kennen gelernt, die hier in unmittelbarer Nähe ebenfalls aufgewachsen sind, denn dass Grätzel scheint ein gutes Pflaster zu sein, mehrere Zelebritäten entstammen ihm. Der international zu Weltruhm gekommene Musiker Joe Zawinul etwa. Und auch dessen Freund aus Kindheitstagen, der während seiner letzten Tage im Amt verstorbene Bundespräsident Thomas Klestil.

Über deren Vergangenheit im Bezirk Landstraße kursierten auch lange Zeit mehrere Versionen in der Stadt. Als 2004, nach vielen Jahren der Vorbereitungszeit, endlich Joe Zawinuls Wiener Jazzclub „Birdland" im Keller des Hilton eröffnet wurde – für Zawinul selbst „der schönste Club in da Wöd! Mit Ausnahme von an in Brasilien" – erst als also dieses Lokal geschaffen war, trafen genau dort unten die unterschiedlichen Kindheitsgerüchte aufeinander. Und konnten vom Künstler selbst aufgeklärt werden.

Im Zuge der Eröffnungsfeierlichkeiten war sogar eine Zawinul-Briefmarke präsentiert worden, die zum Ruhme des großen Sohnes dieser Stadt herausgebracht worden war. Dabei erinnerte Erich Haas, der damalige Leiter der Post-Philatelie, daran, dass Zawinul in der Landstraßer Reisnerstraße aufgewachsen sei. Um dann noch bedauernd anzumerken, dass die 55-Cent-Briefmarke „leider nur Inland" sei. Worauf Zawinul in seinem so unvergleichlichen amerikanisch-wienerischen Idiom einwarf: „Ma kann jo a zwa draufpicken." Der bei dieser Veranstaltung ebenfalls anwesende Wiener Bürgermeister Michael Häupl, ein profunder Kenner selbst der intimsten Details seiner Stadt, wusste hingegen sofort, dass Reisnerstraße „natürlich Schrott" sei – „das war die Paulusgassen". Erst Zawinul selbst, sogleich dazu befragt, konnte aufklären, dass beide Versionen zwar ein Körnchen Wahrheit beinhalteten – aber letztlich doch falsch waren: „In der Paulusgassen war der Tommy Klestil. Selber g'wohnt hamma in der Weinlechnergassen, die is ums Eck. Und in der Reisnerstraßen ham meine Eltern vorher a Wohnung g'habt – da ham s' mi produziert."

Robert Menasse wäre im Jünglingsalter in der Petrusgasse also förmlich eingezwickt gewesen, zwischen dem Paulusgassen-Tommy und dem Weinlechnergassen-Joe. War er aber nicht. Er sei auch nur zwei, dreimal in jenem Club an der Ecke gewesen, in dem sich Zawinul und Klestil einstens getroffen hatten, erinnert er sich.

Doch die mütterliche Wohnung ist ein deutlicher Hinweis darauf, mit welcher Romanfigur sich der Autor identifiziert. Nicht mit Leo, diesem „lebensuntüchtigen" Philosophen ohne Werk. „Ich kenne so viele Leos", so Menasse, denn diese „Weltverbesserungsgeschichte benötigt im Privaten immer eine Ausbeutungstendenz". Es sei ihm daher ein Leichtes gewesen, diese Figur im Roman nachzuzeichnen.

Mit autobiografischen Zügen wurde aber eine andere Figur im Buch ausgestattet, die zweite Hauptrolle: „Judith bin ich", bekennt Menasse während unseres Gesprächs. So, wie Flaubert einst sagte: „Madame Bovary bin ich." In diesem Fall sind es „die Schlaflosigkeit, der Suchtcharakter" – Judith sei geradezu „ein Selbstporträt im Rock". Dabei habe es die Judith im ersten Konzept des Romans noch gar nicht gegeben. „Ich bin dann aber schnell draufgekommen, da fehlt eine Frauenfigur."

Dann befragen wir Menasse noch zu einem Detail, die Petrusgasse betreffend. Ob er dort tatsächlich einmal einen Unfall gebaut habe? Bei der Antwort hört man den Schriftsteller förmlich übers Telefon lächeln: „Das ist schwer mit Ja oder Nein zu beantworten. Da müssen Sie die Bäume befragen. Die sind Zeugen."

Gleichzeitig ist Menasse dies alles inzwischen aber auch „so fern". Nicht zuletzt deshalb, weil einige Schauplätze seines Romans längst der Vergangenheit anheim gefallen sind. „Der

Friedhofsbildhauer ist leider verschwunden", erinnert er sich. Das war ein weiterer Schauplatz im Roman; jener im siebenten Bezirk, wo Menasse den Leo in der Schottenfeldgasse wohnen ließ. Im kopfsteingepflasterten Innenhof besagten Hauses standen Engel über Engel, „betende Engel, singende Engel, kniende und auffliegende Engel, kerzenhaltende Engel und Engel, die Laternen trugen …" Diese „Wüste aus steinernen Engeln" seien Werke und Schaustücke des Friedhofsbildhauers Zahradnik gewesen. Leo, der in jener Nacht nach dem Korb und dem Autounfall in der Petrusgasse nach Hause kam, dachte, sturzbetrunken und übellaunig die Treppen zu seiner Wohnung hinaufgehend, nur noch: „Scheiß Zahradnik".

Menasses Romane sind aber nicht nur wegen solcher verschwundener Details auch von historischer Bedeutung. So erinnert er beispielsweise in seinen Werken immer wieder an große, bedeutsame Demonstrationen, entwirft gleichsam über die Jahre hinweg einen Stadtplan zur Geschichte des öffentlichen Aufruhrs in der Zweiten Republik. In „Selige Zeiten, brüchige Welt" beschreibt er etwa einen historischen Tumult vor der Universität am Ring – mit dessen Hilfe auch eindeutig das Jahr festgemacht werden kann, in dem dieses Werk spielt: 1965.

Leo hatte sich acht Tage nach der unglücklichen Baumschändung in der Petrusgasse mit Judith im Ringstraßencafé Landtmann getroffen, war dort mit ihr in einer dieser Fensterlogen gesessen, als es draußen plötzlich rund ging. Der Zahlkellner habe noch etwas von den „Wilden, die unterwegs sind" gesagt und dass die besser studieren sollten – aber Judith hatte sogleich gewusst, dass dies eine Demonstration gegen den Nazi-Professor Taras Borodajkewycz sei, der an der damaligen Universität für Welthandel „lehrte". Weil jener bei seinen Vorlesungen immer wieder Rechtsextremes und Antisemitisches von sich gab.

Bei diesen Demonstrationen und Gegendemonstrationen wegen des Professors mit dem unglaublich arischen Namen Taras Borodajkewycz war im Frühjahr 1965 auch Ernst Kirchweger von einem deutschnationalen Studenten erschlagen worden: Kirchweger, ein Pensionist und früherer Widerstandskämpfer, der das KZ überlebt hatte. Bei dieser Demonstration hatte, unter vielen anderen auch, allen voran der damalige Studentenvertreter und spätere Finanzminister Ferdinand Lacina auf der Seite der Antifaschisten teilgenommen, was sogar in einem Akt der Staatspolizei festgehalten worden war. Lacina, so wird berichtet, habe auch gemeinsam mit dem späteren Bundespräsidenten Heinz Fischer die unglaublichen und wiederholten Äußerungen des Nazi-Professors mitgeschrieben und so die ganze Affäre dokumentiert und letztlich an die Öffentlichkeit gebracht.

Menasse erinnert in „Selige Zeiten, brüchige Welt" daran, wie dann während des Tumultes vor der Universität gebrüllt, geschrieen und skandiert wurde: „Hoch Auschwitz" und „Sau-judenn! Sau-judenn" auf der einen und „Nazis raus!" auf der anderen Seite. Wie sich junge Leute mit Fahnenstangen jene vom Leib zu halten versuchten, die „mit Eisenketten, Gummi-schläuchen oder Stahlruten" auf sie losgingen.

Auf dem Begräbnis Ernst Kirchwegers hatten dann 20.000 Menschen am Trauer- und Protestzug teilgenommen, unter ihnen Vertreter sowohl von SPÖ als auch ÖVP, um zu dokumentieren, für wen dieses neue Österreich steht. Für den Nazi Borodajkewycz oder für den ehemaligen KZ-Häftling Kirchweger. Doch manches scheint sich in Wien eben nie zu ändern. Auch im Jahr 2006 kann es einem in dieser Stadt noch passieren, dass man sich mit einem freundlichen Pensionisten angeregt unterhält und jener auf einmal geistig rülpsend meint: „Ich hab nix gegen die Juden, wenn's in Israel sind. Weil dort gehör'n s' hin."

Welt der Kinder und ein Angstraum

*Marlene Streeruwitz – „Verführungen" im Wien
der 80er Jahre*

Da stehen wir im Haus der Karolinengasse 9 und grübeln wieder einmal über ein urwienerisches Phänomen: Gibt es in diesem Gebäude nun fünf Stockwerke – oder nicht? Die Antwort muss jedenfalls lauten: Kommt ganz drauf an, ob es nach der Wiener Zählart geht oder nicht.

Auf den Schildern gibt es ihn jedenfalls nicht, den fünften Stock – in Etagen allerdings schon. Da ist erst einmal der Mezzanin, darüber befinden sich dann drei als solche aus-geschilderte Stockwerke und über dem Ganzen als Abschluss noch ein ausgebauter Dachboden. Das wären also summa summarum vier Etagen und ein Mezzanin, sprich fünf Stock-werke. Was im englischsprachigen Raum nicht den Funken eines Anlasses für Diskussionen böte, da dort gleich einmal das Erdgeschoß der First Floor wäre.

In Wien aber hat diese Zählakrobatik zum Teil auch ihre historischen Wurzeln. Etwa bei öffentlichen Gebäuden, da es beispielsweise in der Monarchie die eiserne Regel gab, dass kein öffentliches Gebäude mehr Stockwerke haben dürfe als die Kaiserresidenz Hofburg. Dann bauten sich die Wiener aber ein neues Rathaus, das natürlich deutlich höher als die Hofburg war; ein Bau, neben dem sich auch das Parlament nachgerade hinduckt, als wollten sie schon in den physischen Voraussetzungen ein für alle mal festschreiben, wer denn in dieser Stadt das Sagen habe. Und was machen die Wiener? Sie benennen die Rathaus-Stockwerke ganz einfach in Erdgeschoß – Halbstock – Hochparterre – 1. Stock – 2. Stock – Dachgeschoß. Und schon hat alles wieder seine k.k.-Ordnung.

Mehr von diesem Geist, der in Wien immer noch nachwirkt, findet sich in literarischer Überhöhung unter anderem im Kapitel über Fritz von Herzmanovsky-Orlandos Werk (siehe Seite 132).

Hier aber stehen wir in der Karolinengasse 9 und sind auf den Spuren von Marlene Streeruwitzens „Verführungen". Bisher hatten wir alles exakt wie im Buch beschrieben nachverfolgt. Waren zwar nicht vom 19. Bezirk über den Franz-Josefs-Kai gefahren, aber doch über den Ring und dann die Prinz-Eugen-Straße hinauf. Nur die türkische Botschaft, die ist nicht wie im Buch an der Ecke zur Karolinenstraße, sondern weiter unten. Dies fällt unter dichterische Freiheit.

Im Buch aber, da hat das Haus Karolinengasse 9 fünf Stockwerke – und so marschieren wir sie zweimal hinauf und wieder hinunter, die fünf Etagen, lesen Namensschilder. Von einer „Püppi", wie sie im Buch hier lebte, kann natürlich keine Schreibe sein. Aber auch deren wirklicher literarischer Name, der einmal im Roman erwähnt wird, findet sich nicht auf den Schildern: Konstanze Storntberg.

Hätte uns auch gewundert. Eine Frau kommt aus einer Wohnung, strebt dem Ausgang zu. Was sie meine, fragen wir – ob dieses Haus fünf Stockwerke habe? „Des frag i mi", beantwortet sie die urwienerische Frage in der selbigen Art und Weise. Und ob sie vielleicht eine „Püppi" gekannt habe, die hier einmal gewohnt haben soll? „So eine Dame würde ich nicht kennen", hat die Mieterin ihre eigenen Assoziationen. Eine andere Frau im Stiegenhaus meint dann noch: „Es ziehen so viele hier ein und aus. Mein Vater lebt schon lange hier. Aber der ist 90 Jahre alt. Da gibt es nicht viel mehr zu sagen."

Dennoch liegen wir mit unseren Fragen nicht so falsch. „Das war schon so", bestätigt später Marlene Streeruwitz, als

wir sie anrufen. „In der Karolinengasse lebte wirklich eine Freundin von mir, der ich mit den ‚Verführungen‘ ein Denkmal gesetzt habe.“

Obgleich das Buch natürlich nicht eins zu eins wiedergibt, was sich damals ereignete. Es beschreibe vielmehr eine „vergessene und später wiederholte, eine oszillierende Wirklichkeit“. Das sei auch gut so, „wenn es erst vergessen und dann wiederholt wird. Ich hab’ das dann später beim Schreiben auch nicht mehr nachrecherchiert. Schließlich ist das Literatur und kein Reiseprospekt.“

Vieles im Roman entspricht der wiedergeholten Erinnerung an ihre Freundin. Etwa die Kunst, in das Haus hineinzukommen. Denn es gab, wie damals noch häufig üblich, keine Gegensprechanlage. „Wollte man zu Püppi, musste man erst anrufen. Oder man war geschickt genug, ein Steinchen gegen die Fenster im 5. Stock zu werfen."

Auch musste Helene – die Erzählerin im Buch – immer die Stiegen bis in den 5. Stock zu Püppi hinauflaufen. Und da es vor allem auch die Welt der Kinder ist, die Streeruwitz beschreibt, heißt es später im Werk: „Sie kletterten die Stiegen hoch. Helene half Püppi den Kinderwagen tragen. Im zweiten Stock dachte Helene, sie würde ohnmächtig vor Schwäche. Jede Stufe schien unüberwindlich."

Deshalb jedenfalls in der literarischen Erinnerung der fünfte Stock. Alles andere würde sich nicht anstrengend genug präsentieren. Es könne damals allerdings auch ein anderes Stockwerk gewesen sein, bekennt Streeruwitz. Aber dies sei „keine Unsicherheit", sondern eher „die Ausbeutung des Raumes". Eben eine Verdeutlichung der Mühsal, gleichzeitig auch der spezifischen Wiener Haltung, wie die Rettungsleute in solchen Häusern mit Bahren in solchen Stiegenhäusern rauf- und runter müssen. „Da drin liegt der Papa mit'm Herzinfarkt und kummt net außé", verdeutlicht die Schriftstellerin.

Seit damals, seit der Zeit, in der das Werk spielt, hat sich natürlich einiges geändert. Denn jetzt gibt es sie, die Gegensprechanlage im Haus Karolinengasse 9, und niemand mehr muss mit Steinchen auf die hoch gelegenen Fenster zielen. Auch das mit dem Kinderwagen-Schleppen ist zumindest hier einmal Vergangenheit: In der Zwischenzeit wurde für die „Parteien", wie die Mieter in Wien auch genannt werden, ein Lift eingebaut.

Aber inzwischen wurden ja sogar in den Stationen der Wiener U-Bahnen nachträglich Lifte eingebaut, auf dass sie auch von Behinderten und Kinderwagen schiebenden Eltern benützt werden können. Im Buch gibt es weder noch: Weder Stationen, noch eine U-Bahn, sondern erst die große Baustelle am Karlsplatz, den sie damals bis ins Innerste aufgerissen hatten. Wie das war, kann man hier bei Streeruwitz nachlesen.

Oder im Film anschauen – in „Scorpio, der Killer", wo eine grandiose Verfolgungsjagd in das U-Bahnbaustellen-Innere des Karlsplatzes führt. Das war auch eine Zeit, in der solche Vorhaben keine Bürgerinitiativen und Proteststürme ob des Lärmes und des Schmutzes auslösten, sondern nahezu kindliche Begeisterung. Am Karlsplatz wurde damals sogar eine Aussichts-Plattform gezimmert, auf dass die Neugierigen dort besser den U-Bahnbauern zuschauen konnten. Und als von der Linie U1 gerade einmal die Schienen zwischen Karlsplatz und der nächsten Station verlegt waren, senkten sie extra einen U-Bahnwaggon hinunter, der dann mit einer Lok die eine Station hin und her geschoben wurde, auf dass die begeisterten Massen einmal schon U-Bahnfahren ausprobieren konnten.

Ein weiterer Ort des Buches wurde vor gar nicht langer Zeit erst neu gestaltet: Der Schwarzenbergplatz. Auch dieses Projekt war in der neueren Zeit heftig umstritten, ein Vorhaben mit geplanten Licht-Reihen, die dann doch statischer als gedacht ausfielen, da die Blinkerei zum einen zu sehr an eine Flugzeug-Landebahn erinnert hätte und überdies, so die Befürchtung der Wiener Verkehrsbetriebe, die Verkehrsteilnehmer zu sehr irritiert hätte.

Der für den Roman entscheidende Abschnitt des Schwarzenbergplatzes ist aber jener weiter hinten, der Raum rund um den Hochstrahlbrunnen, der an die Eröffnung der Ersten Wiener Hochquellwasserleitung erinnert – und rund um das Russendenkmal, das von ebenjenen zum Gedenken an die Befreiung dieser Stadt gesetzt wurde. Dieser Raum war

und ist nicht nur literarisch, sondern auch buchstäblich ein Angstraum.

In den „Verführungen" ist er vor allem behaftet mit dem ebenfalls historisch belegten Mord an einem Mädchen – „bei der 3. Säule von links hatte Ilona Faber gelegen". Eine, deren Leichnam dort nackt aufgefunden worden war. Die Gerüchte, so berichtet Streeruwitz im Buch, seien nie verstummt, dass Ilona Faber bei einer Orgie in der französischen Botschaft umgekommen sei. Das sei nie vollkommen aufgeklärt worden – wohl auch, weil es in der Besatzungszeit passiert war.

In den „Verführungen" geht nun Helene des Nachts nach einem Kinobesuch über den Platz, in gewisser Weise auch unterwegs zur Selbstbestimmung: Herausfordernd sieht sie die Ecken an, sie würde sich schon wehren, einschlagen auf den Angreifer, „Beißen. Reißen. Schlagen. Treten. Sie hatte keine Angst mehr. Sie würde sich wehren."

Heute, Jahrzehnte später, nach dem Umbau des Schwarzenbergplatzes, fällt Streeruwitz zum neuen Erscheinungsbild nur eines ein, wenn sie an der steinernen Fläche vorbeifährt: „Ich habe nicht das Gefühl, dass man da rübergehen sollte." Tatsächlich scheint dieser Platz von den Planern nicht gerade als gemütliche Verweilzone geplant worden zu sein. Auch wenn der Freiraum vor dem Hochstrahlbrunnen deutlich vergrößert und in den Ankündigungen als Örtlichkeit verkauft wurde, die man für diverse Veranstaltungen nützen könne. Deshalb auch die zurückhaltende, neutrale Gestaltung, die Raum lasse für diverse Nutzungen. Der Run auf den Raum blieb bisher aber aus – vielleicht auch deshalb, weil vorgesehene Fußgängerquerungen eingespart wurden, weil das mit der Ampelfrequenz nicht in Einklang zu bringen gewesen wäre, wie es heißt. Was soll eine Stadt auch mit einem Platz anfangen, zu dem man nicht hinkommt?

Eine weitere Manifestierung der „Platzangst", die in Wien grassiert. Schließlich gibt es hier nicht einen Platz, der auch nur im Entferntesten das bunte Leben auf einer klassischen italienischen Piazza aufzuweisen hätte. Und wenn es schon „passiert", dass eine Neugestaltung auch neues Leben ermöglichen würde – dann werden die Bürger „initiativ". Was gerade in Streeruwitzens Romanzeit als Bürgerbeteiligung und Gemeinwesenbewegung begann, ist allzu oft zum Instrument für Abwehr und Abwürgen geworden.

Der alte Platz, das gewaltige Loch im Karlsplatz, das veränderte Haus der früheren Freundin und all das Vergangene aus dem Wien der 80er Jahre ist eine Welt der Erinnerungen, des nicht mehr Existenten. Bis hin zu kleinen Szenen aus der Bäckerstraße: „Haimowicz kam vom Kalb herauf in Richtung Alt Wien." Für all jene, die damals in der noch neuen Lokalszene der Inneren Stadt unterwegs waren, ist dieser eine Satz bereits das Zurückholen einer ganzen Welt. Die Szene der Künstler und Intellektuellen, die sich mit ein paar Prominenten mischten – in Österreich sind das eigentlich immer nur Halb- und Möchtegernprominente, aber bitte – und die sich im Bäckerstraßenviertel etwa rund um den Galeriebesitzer und Gastronomen Kurt Kalb scharten. In dessen Lokal „Oswald und Kalb" eben, das erstmals auch auf Qualität in Ausschank und Küche setzte. Damals eine echte Novität in Wien. Kurt Kalb wurde 2006 mit einem Ehrenzeichen der Stadt Wien geehrt – ein untrügliches Zeichen dafür, wie sehr das alles vorbei ist.

Für Streeruwitz sind die „Verführungen" daher inzwischen „fast schon ein historischer Roman" – der auch später erst, im Jahre 1995, geschrieben wurde, „gerade als der Globalisierungsschub über alles hinwegfegte", erinnert sich die Autorin.

Jetzt, im Nachhinein, weiß Streeruwitz: Das Schreiben war „wie ein Abschiednehmen".

Mariahilf – kein Schmetterling

Fritz von Herzmanovsky-Orlando –
„Der Gaulschreck im Rosennetz" und die Metamorphosen
einer Einkaufsstraße

Die Mariahilfer Straße dient seit Jahrzehnten großen Umzügen und Auftritten auf dem Wege vom natürlichen Sammeltreffpunkt Westbahnhof zum naturgegebenen Demonstrationsort Innenstadt. Vor einigen Jahrzehnten waren es noch die Friedensbewegten, die hier, große Transparente und noch größere Raketenmodelle über ihren Köpfen schleppend, für die weltweite Abrüstung gen Innenstadt marschierten. In späteren Jahren waren es mindestens ebenso friedlich Gesinnte, die für ein Kraut marschierten – und des Samstags sanftmütigen Sinnes und begleitet von Dunstwolken unterschiedlichster Herkunft für die Freigabe von Cannabis eintraten. Und über all die Jahrzehnte hinweg war die „Mariahilfer" natürlich am 1. Mai eine der natürlichen Einmarschrouten in Richtung Rathausplatz, wo mit großer Blasmusikbegleitung und „Hoch-die-in-ter-natio-nale-Solidarität"-Skandierungen der großen Schlusskundgebung zum Tag der Arbeit entgegengetrottet wurde.

Aber ein Schmetterling – vor allem ein höchst über-dimensionierter, überlebensgroßer Flattermann –, der ward dabei nie gesichtet.

Dieser Schmetterlingsauftritt, von dem Fritz von Herzmanovsky-Orlando in seinem Roman „Der Gaulschreck im Rosennetz" kündet und der auch für den ersten Teil des Buchtitels Pate steht, hatte sich auch schon viele lange Jahre davor zugetragen und zwar zu spät nächtlicher Stunde.

Wie es dazu kam, dass ein Schmetterling die Gäule in der spätnächtlichen Mariahilfer Straße schreckte, ist jedenfalls keine Begebenheit, die man einfach in einem Nebensatz erläutern könnte. Hofsekretär Jaromir Edler von Eynhuf steht im Mittelpunkt der Hermanovsky-Orlando'schen Erzählung. Eynhuf, der einerseits im „kleinen Querulantenhaus" wohnt und andererseits im kaiserlichen Hoftrommeldepot arbeitet, ein Amt der Monarchie, das nahezu ressortlos ist, sodass etwa den Duinisten Kuscher und Schluckentritt die huldvolle Aufgabe übertragen worden war, alle Akten der Abteilung zu kopieren, und zwar in grüner Tinte mit schwarz-gelben Anfangsbuchstaben.

Ein Amt, das sich schon seit längerem mit dem gravierenden Problem konfrontiert sah, dass die Stadt Scheibbs einen zweiten Donnerstag verlangte. Ein Ansinnen, das zur Folge hatte, dass alle möglichen Konsequenzen im Zuge der Umsetzung zu diskutieren waren. Was, wenn Scheibbs sich nach und nach außerhalb des julianischen und gregorianischen Kalenders bewegen würde? Was, wenn diese Stadt sich bei Gewährung des „unfrommen Wunsches der frevlen Scheibbser" mit seinen zwei Donnerstagen pro Woche sich, unmerklich erst, aber dann immer gewisslicher von der Erdrinde abheben würde und als „entsetzlicher, tief fliegender Mond, der auf seiner Bahn täglich grauenhafte Verwüstungen anrichten müsste" unterwegs wäre – als „Luna Secunda, sive Scheibbsiensis"? Trotzdem wurde dem Begehr schließlich stattgegeben, wofür sogar der Vatikan befriedet werden musste – woran Österreich noch heute zu leiden habe, wie im Buch nebstbei erwähnt wird. Und dann stellte sich heraus, dass die Scheibbser sich nur ungeschickt ausgedrückt hatten und tatsächlich einen zweiten Markttag wollten, der im Scheibbs'schen Volksmund nun einmal „Donnerstag" benannt wurde.

Dies alles vorausgeschickt ist es nun in keiner Weise verwunderlich, dass Herr Hofsekretär Jaromir Edler von Eynhuf sowohl Zeit als auch Muße hatte, sich um die Vervollkommnung seiner Milchzahnsammlung zu kümmern. Eine Sammlung von edelster Unschuld, die er eines Tages dem Kaiser zum wohlgefälligen Tableau gruppiert zu präsentieren gedachte. Und zur Vervollkommnung dieser Sammlung benötigte Eynhuf nun einmal einen Milchzahn der Schauspielerin Höllteufel.

Ein klein wenig Geduld noch bitte, die ausführliche, aber notwendige Vorgeschichte nähert sich bereits ihrem Höhepunkt: Eynhuf nun verzweifelt schier ob der Frage, wie er sich dem Objekt seines milchzahnunschuldigen Begehrens nähern solle – und lässt sich darob einreden, die gefeierte Schauspielerin im Faschingstrubel während der großen Redoute zu umgarnen. Verkleidet als Schmetterling mit gut zwei Klafter großen Flügeln. Die Vorteile dieser Verkleidung waren naturgemäß die ausgesprochene Auffälligkeit und dann vor allem aber: „Wenn S' die Flügel nach vorn stellen, haben S' es wie in an schamber separeh drin."

Eynhuf befolgt diesen Plan, lässt sich zur großen Redoute im Mariahilfer Apollosaal gar ob der Größe seiner Verkleidung in einem „Culissenwagen" kutschieren. Zunächst einmal mit berauschendem Erfolg, da der Sekretär mit seinen klaftergroßen Flügeln und dem Zylinder mit wippenden Fühlhörnern darauf im Saale mit donnerndem Hallo begrüßt wird. Ja, auch die Milchzahneignerin selbst begrüßt Eynhuf zunächst vergleichsweise gnädig mit der neckischen Bemerkung, er wolle wohl bei ihr Honig naschen, weil er sie für ein „Bukawettl" halte, doch letztlich scheitert er, nicht zuletzt auch deshalb, weil die Schauspielerin anmerkt, dass sie noch nie einen Schmetterling gesehen habe, der so nach Leim stinke.

Der Sekretärsschmetterling schwirrt also betrübt ab. Zu Fuß, da der Culissenwagen geflüchtet ist und die Fiaker den

Verkleideten verhöhnen. Ein heftiger Westwind braust die Mariahilfer Straße hinunter, treibt den doppelt klaftergroßen Schmetterling stolpernd, schwebend vor sich her. „Toll gewordene Comfortabelgäule rasten hin und her – mit gleichsam flehend emporgestreckten Vorderhufen trampelten Fiakerrosse die Hauswände in die Höhe, rollenden Irrsinn in den Augen."

Nun marschieren wir also die Mariahilfer Straße hinab und denken uns in sommerlicher Hitze und ohne auch nur den Hauch eines sommerlichen Westlüfterls zu verspüren: Das kann doch, bitteschön, nicht so schwer sein, in der Mariahilfer Straße einen Schmetterling aufzutreiben. Hier, genau hier, muss der vorbeigeflogen sein, der Sammler jungfräulicher Milchzähne – wo vor einigen Jahren eines der ältesten Pornokinos von Wien von „Virgin Megastore" abgelöst wurde. Das mit der Virgin ist inzwischen aber auch schon wieder vorbei.

Tatsächlich hat die Mariahilfer Straße in Wien im Laufe der Jahrzehnte schon einige Wandlungen hinter sich gebracht. Einst war sie Standort für große und großzügige Geschäfte, und wer heute noch oben in Westbahnhof-Nähe an den „Stafa" denkt, dieses gerade wieder einmal ein bisschen schicker umgebaute Kaufhaus, der kann sich kaum noch erinnern, dass dies eigentlich die Stafa heißen muss. Die „Staatliche Fürsorge Anstalt" war dies einmal.

Dann, viel später, die große Krise – der Bau der U-Bahn im Gedärm der Straße, die über Jahre hinweg ihr Innerstes offenbarte. Dies gepaart mit dem Fall des Eisernen Vorhanges, der ein plötzliches Einreisen kauflustiger Ungarn mit sich brachte – weshalb geradezu mit einem Schlag die Schaufenster der Einkaufsstraße dem ungarischen Werben gewidmet wurden. Prompt wurde die Meile im Volksmund in „Magyarhilfer Straße" umbenannt. Was war damals nicht gejammert worden, dass die ganze Einkaufsstraßen- und Gerngroß-Tradition den Bach runtergehe.

Die große U-Bahnkünette wurde wieder geschlossen, das Ungarische in den Schaufenstern ist so gut wie vollkommen verschwunden und die „Mariahilfer" floriert wieder wie ehedem.

Über all diese Jahre aber war diese Einkaufsmeile vor allem eines gewesen: ein ausgesprochen urbanes Pflaster. Und auf einem solchen gibt es nun einmal keine Schmetterlinge. Nicht einmal ein Fiaker klappert den Asphalt hinauf oder hinunter. Was hier fliegt, sind keine metamorphierten Raupen – sondern

Tauberln mit Grugru in der Gurgel und ohne rollenden Irrsinn in den Augen.

Hoffnungsvoll schauen wir in die Auslagen, in denen uns Kleidung, Geschirr, Stoffe zum Geldausgeben anregen sollen – da, ein Schmuckgeschäft mit Swarovsky-Glitzer. Wenn, dann muss doch zumindest hier ... Kein Schmetterling. Nicht einer.

Etwas Überdimensionales ist hier nicht unterwegs – nur einmal, vor einigen Jahren, war uns in der Mariahilfer Straße etwas außer der Norm begegnet: Ein historisches Hochrad.

Und auf dem saß erhobenen Wadels ein bekannter Grün-Politiker, von einer Demonstration heimwärts strampelnd. Doch der war straßenverkehrsordnungskonform unterwegs und kaum dazu angetan, Rösser zu verschrecken.

Wir versuchen also zumindest irgendeine Verbindung zu der literarischen Vorlage herzustellen. Und erinnern uns, dass es während des Fluges des gewaltigen Kostümschmetterlings hieß, er habe einen schreienden Würstelmann mit sich gerissen, diesen aber alsbald gegen einen Kanalräumer im Dienst eingetauscht. Kanalräumer sieht man in der Stadt während des Tages ohnehin so gut wie nie – aber da war doch dieser Würstelstand am untersten Ende der Mariahilfer Straße. Wir trotten hinunter – und wieder nichts. Sogar zwei Würstelstände hatte es hier die längste Zeit über gegeben. Einer, der damit warb, dass seine Kunden „König" seien – der andere gleich daneben, der seine Kundschaft als „Kaiser" zu binden versuchte.

Doch der ehemalige „Messepalast" und die noch ehemaligeren „Hofstallungen", vor denen sich diese konkurrierenden Würstelzwillinge befanden, ist längst zum „Museumsquartier" umgebaut. Und im Zuge dieses Umbaus haben auch die Kaiser-Königs-Werber ihren Standort aufgegeben oder aufgeben müssen. Nur gegenüber, gleich neben der Stiege zur Rahlgasse, hatte ein Standel im vergangenen Winter Kulinarisches unter dem Titel „Mabaka" angeboten. Doch dies war auch nur die profane Abkürzung für „Maroni – Bananen – Kartoffel".

Da stehen wir nun vor dem Eingang zum Museumsquartier – und somit auch vor dem Entree zum Kindermuseum Zoom. Wir marschieren hinein und fragen bei den kindlichen Fachkräften, ob denn im reichen Fundus des Museums nicht ein Schmetterling…

Wenig später finden wir uns im Hof des Kindermuseums wieder und betrachten eine Reihe handgefertigter kinder-

künstlerischer Figuren. Mitten drinnen, ein Schmetterling – ein kleiner, von Kinderhand gezauberter, geradezu Herzmanovsky'sch skurril gefertigter.

Dieses Schmuckstück würde kein Polizist anherrschen, wie seinerzeit den übergroßen Flatterer: „Sö san a Fuhrwerk, weil S' über vier Schuch breit san und habn laut kaiserlicher Verordnung vom 14. Mai 1796 zwei Laternen und a Numero zu führen … ausgenommen Sie san a Hofewibasch! Aber da müsseten S' vergoldete Radeln haben und an Bock mit Tressen!"

Eynhuf wäre damals als amtsbehandeltes Fuhrwerk beinahe in den Kotter gewandert. Erklärte aber dem diensteifrigen Beamten, dass er ein verkleideter Schmetterling … worauf das Exekutivorgan den Schmetterling schon fast ins Tierspital abschieben wollte. Doch dann konnte Eynhuf den Satz doch noch beenden und erklären, dass er ein verkleideter hoher Beamter sei.

Ein erlösendes Wort, das auch heute noch seine Wirkung zeitigen würde.

Küss die Hand – krepier!

*Ödön von Horváth – „Geschichten aus
dem Wienerwald" und die charmante Niedertracht
der Gastronomen*

Sie ist schon eine Wiener Besonderheit, diese charmante Niedertracht, diese in süßliche Freundlichkeit verpackte hinterhältige Brutalität. Und nirgendwo kommt diese Emulsion aus „G'schamster Diener" und „Leck mi im Oasch" besser und unverfälschter zur Geltung als im Dienstleistungsgewerbe. Er ist auch keine Erfindung, dieser Innenstadt-Wirt, der viele Jahre lang seine Gäste als eine Art Gnadenakt bediente. Er ist längst in Pension und das Lokal äußerlich wie innerlich umgebaut und erneuert und also kann man ruhigen Gewissens berichten, wie jener Gastronom im Schanigarten einst den deutschen Touristen die Teller servierte. Wenn er denen nämlich das Schweinsbraterl oder das Wiener Schnitzerl auftischte, pflegte er – selbstverständlich nur für Wiener verständlich – zu murmeln: „Vorsicht – Oaschg'sicht." Jene derart Bedienten, die nordischen Touristen also, verstanden natürlich nicht, dass sie gerade mit „Arschgesicht" angeredet worden waren – und fanden es in diesem urigen Wiener Lokal „unglaublich charmant, hier".

Eine Mentalität, die bereits André Heller in frühen Jahren im Gedicht eingefangen hatte: „Bei mir sads alle im Oarsch daham. / Im Oarsch – durt is eicha Adreß". Und wie oft schon hatte man im Lokal, als man zum wiederholten Male den Kellner rief, den Eindruck, er denke sich gerade: „Vareck, vakumm, i drah mi net um."

Im Theater aber hat kaum jemand diese nach außen freundlich triefende und im tiefsten Inneren voller Verachtung angewiderte Doppelbödigkeit besser beschrieben als Ödön von Horváth. Niemand hat sie je besser verkörpert als Helmut Qualtinger in den „Geschichten aus dem Wiener Wald". Wie der Zauberkönig seine Kundschaft, die „feine Dame", in seinem Geschäft verabschiedet, das ist die dunkle Seite der Wiener Seele: „Küss die Hand! Krepier!"

Unter dem Deckmantel des „Wiener Schmähs" kann man sich halt auch einiges herausnehmen. Wie etwa wieder der Zauberkönig, der beim Heurigen schon einigermaßen alkoholisiert sitzend meint: „Da capo, da capo!", und einer Vorbeitanzenden einfach auf die Brüste greift. Da mag ihm der Cavalier der Begrapschten auf die Finger klopfen und „Hand von der Putten!" rufen – jene entgegnet dazu immerhin: „Das sind doch meine Putten!"

Der Zauberkönig meint in dieser Szene übrigens noch „Putten her, Putten hin! Ein jeder Erwachsene hat seine Sorgen ..." und dann noch: „Heut kann mich die ganze Welt!" Und der preußische Erich erstattet daraufhin dem „famosen Wiener Heurigen ein ganz exorbitantes Heil", worauf er seinen Wein verschüttet. Und das bereits zur Uraufführung im Jahre 1931 in Berlin – noch vor der Machtergreifung Hitlers und noch einige Jahre vor dem „Anschluss" Österreichs. Kein Wunder also, dass die rechtsradikale Presse die „Geschichten aus dem Wienerwald" sofort als „beispiellose Unverschämtheit" anprangerte, das Stück ein „Machwerk" und „Unflat ersten Ranges" nannte. Dabei wollte doch Horváth die Welt nur so schildern, „wie sie halt leider ist".

So viel also zur Horváth'schen Heurigen-Glückseligkeit. Die andere Szenerie, die dem Schriftsteller als Vorbild für sein Theaterstück diente, ist schnell gefunden. In der Regieanweisung der Fassung in drei Bildern wird sie genau beschrieben. So spiele die Handlung in einer stillen Straße im achten Bezirk, von links nach rechts seien zu sehen – Oskars gediegene Fleischhauerei, weiters eine Puppenklinik mit dem Firmenschild „Zum Zauberkönig" und schließlich eine kleine Tabak-Trafik. Über der Puppenklinik befinde sich die Privatwohnung des Zauberkönigs mit einem Balkon mit Blumen.

In den Anmerkungen wird hilfreich ergänzt, der Originalschauplatz sei die Lange Gasse. Es ist die Nummer 29, vor dem Horváths Theaterstück über weite Strecken spielt. Das Haus sieht an sich noch genau so aus wie in der Regieanweisung – aber sonst ist in den Auslagen fast alles anders.

Rechts finden sich schon längst keine „Scherzartikel, Totenköpfe, Puppen, Spielwaren, Raketen, Zinnsoldaten und ein Skelett" mehr im Fenster – jetzt preist ein Elektriker hier seine Waren an. Oben auf dem literarischen Zauberkönig-Balkon flattert eine Fahne des Fußballclubs Rapid ein wenig verloren im Wind.

Und wieder unten, im Geschäft zur linken Hand, hängen schon seit allerlängster Zeit keine „halben Rinder und Kälber,

Würste, Schinken und Schweinsköpfe in der Auslage" mehr –
„Das Lange" hat selbst schon eine gemütliche Patina ange-
setzt; das kultige Lokal ist 1978 eröffnet worden, als man
von der späteren Beisl- und Lokalszene Wiens nur träumen
konnte. Zu einer Zeit also, als in Wien noch abends sprich-
wörtlich die Gehsteige hochgeklappt wurden und lange
bevor die Lokalszenen in der Wiener Josefstadt, dann in der
Gumpendorfer Straße und schließlich im „Bermudadreieck"
in der Wiener Innenstadt das Nachtleben der Stadt nachhaltig
revolutionierten.

Franz Platzer richtet am frühen Nachmittag gerade alles für
den abendlichen Schankbetrieb in seinem Lokal „Das Lange"
her. Wie seit vielen Jahren schon. Auch Herr Platzer ist anders
als die Personen im Stück – er ist ihr blankes Gegenteil. Dieser
Wiener Wirt hat überhaupt nichts von der süßlichen und
heimtückischen Vorstadtbrutalität an sich und ist gleich
begeistert bei der Sache. „Das Haus wurde 1708 erbaut, nach
der Zweiten Türkenbelagerung von Wien im Jahre 1683 –
damals waren die Häuser der Vorstadt gesprengt worden, um
ein freies Schussfeld zu haben", weiß er aus dem Stegreif.

Herr Platzer ist geschichtsbewusst und weiß bei weitem
über die Zusammenhänge seines Lokales mit den
„Geschichten aus dem Wiener Wald" hinaus Bescheid. Davon
künden er selbst und die vielen Bücher und historischen
Versatzstücke, die in seinem Lokal zu finden sind. „Zum
wilden Mann" habe dieses Haus einmal geheißen, das Nach-
barhaus hieß hingegen „Zum weißen Lamm" und jenes an
der Ecke zur Josefstädter Straße, in dem jetzt das Lokal der
„Frommen Helene" ist, hieß seinerzeit „Zur goldenen Schale".
Ein Fuhrwerkshaus sei das einst gewesen, berichtet uns
Herr Platzer.

Der Bezug zur Bühne, der lebt fort in diesem Grätzel. Und
nicht nur wegen der Nähe zum nahe gelegenen Theater in der
Josefstadt. Nur ein paar Häuser weiter, an der Ecke zur

Josefstädter Straße, da gehen sie ein und aus, die Theatermenschen. Nicht zuletzt deshalb, weil die schon erwähnte „Fromme Helene" von Michael Vogel aufgemacht worden war, dem Spross einer traditionellen Wiener Schauspielerfamilie, wovon nicht nur seine Gäste, sondern auch die vielen Fotografien an der Wand des Hinterzimmers künden.

Das literarisch verewigte Gebäude der Lange Gasse 29 war wiederum ein Weinbauernhaus. Ein Stock wilden Weines im üppig grün wuchernden Innenhof erinnert noch heute daran. So, wie die ganze Pflanzenwelt des Hinterhofes noch den Geist der alten Vorstadt vermittelt. Beinahe glauben wir, hier im Hinterhof beginne er bereits, der Wienerwald, der dem Theaterstück den Namen gab. Doch das tat er eigentlich gar nicht, der Wald. Denn was Musik-Unkundige, die dieses Stück

im Theater sehen, gar nicht wissen können: Der Titel leitet sich nur von einem Musikstück ab, das während der Aufführung mehrmals erklingt. Die „Geschichten aus dem Wienerwald", ein Walzer von Johann Strauß, werden laut Regieanweisung auf einem „ausgeleierten Klavier" von einer „Realschülerin" im zweiten Stock gespielt.

Unten, im Erdgeschoß, weiß Herr Platzer in seinem Traditionsbeisel: „Das Lokal dürfte wie in Horváths Stück früher wirklich eine Fleischhauerei gewesen sein. Bevor wir es eingerichtet haben, waren noch weiße Kacheln an der Wand." Und auch die Haken, an denen die Fleischstücke hingen. Vielleicht wurden sie hier also wirklich einmal ausgesprochen, die Sätze: „Also was ist jetzt? Soll ich jetzt die Sau abstechen oder nicht?" – „Nein ... ich werd sie jetzt schon selber abstechen, die Sau..."

Vielleicht hat dies Horváth sogar selbst hier gehört. Wie man weiß, wohnte er zunächst, im Jahre 1919, in einer Parallelstraße, bei seinem Onkel Josef Prehnal. In der Piaristengasse, als er in Wien maturierte. Deutsch habe Ödön von Horváth übrigens erst im Alter von 14 Jahren gelernt, weiß auch Herr Platzer zu berichten. Später, zwischen 1920 und 1931, war Horváth dreimal in der Pension Zipser, Lange Gasse 49, gemeldet. Er kannte also dieses Grätzel sehr genau, die äußere Erscheinung des Viertels und die innere Struktur der Menschen, die hier lebten. Auch wenn dann vieles für die Bühne zusammenrückte. Das Zaubergeschäft etwa, weiß unser Wirt, das befand sich eigentlich drüben in der Josefstädter Straße.

Vieles hat sich im Vergleich zur Zeit der „Geschichten aus dem Wienerwald" hier verändert. Aber nicht alles. Draußen in der Lange Gasse wuchtet sich gerade ein Mann in ein Auto, der locker als der vermisste Zwillingsbruder von Helmut Qualtinger durchgehen würde. „Geh, fahr endlich", grunzt er seine Frau am Steuer an.

P.S.: Zum Abschluss sei hier übrigens noch angemerkt, dass Ödön von Horváth, dieser Pathologe der wienerischen Seele, sehr wohl wusste, dass es nicht nur die Österreicher sind, die ein derartig hinterfotziges verbales Doppelleben führen. Schließlich ist es im Stück auch Erich, der Preuße, der nach der Verabschiedung von Valerie alleine zurückbleibend sagt: „Altes fünfzigjähriges Stück Scheiße." Nur ist das halt in der Ausdrucksweise ein bisserl direkter – und weit weniger charmant formuliert.

P.P.S.: Jener oben beschriebene Wirt ist übrigens auch das glatte Gegenteil zu jenen seligen zwei Nowak-Tanten, die in früheren Jahren den „Gmoa Keller" hinter dem Wiener Konzerthaus betrieben. Ja, auch die Wirtinnen des „Gemeinde-kellers" – zwei Emigrantinnen aus Ungarn, die 1956 nach Österreich geflüchtet waren – schnauzten ihre Gäste an. Die standen hinter der Schank, fragten: „Was kummt?", repetierten die Bestellungen – „Zwei Krüge (Krügerl Bier, Anm.), zwei Viertal Wein, ein Mineral" – und dann: „Was noch?" – „Das ist alles."–„Gott sei Dank!" Ja, sogar den seinerzeit noch amtierenden österreichischen Bundeskanzler Franz Vranitzky wollte die eine Nowak-Tante einmal des Lokals verweisen. Die sah einfach nur einen Nadelstreif-Anzug daherkommen und beschied: „G'schlossene Gesellschaft!" Vranitzky meint damals: „Dass die den Bundeskanzler rauswerfen wollen, find ich ja sympathisch. Aber den Herrn Franz, der jahrzehnte-lang Ihr Stammgast war?" Die Nowak-Tante schaute auf und meinte: „Herr Franz? – Kumman S' eine!"

Dies alles also fiel letztlich natürlich auch unter das Kapitel „Wiener Bedienung als Gnadenakt". Doch letztlich, im Innersten, wusste man, dass dies im „Gmoa-Keller" aus tiefs-ter Verbundenheit, ja Liebe zu den Gästen geschah. Und das ist etwas vollkommen anderes.

Äolstöne von der „Bim"

Heimito von Doderer – „Die Strudlhofstiege
oder Melzer und die Tiefe der Jahre" und die höchst
literaturbewussten Anrainer

Jene, die im Alsergrund, also im 9. Wiener Gemeindebezirk, leben und ihr Grätzel lieben – sei es nun ihr Heimat-
oder ihr Wahlbezirk –, haben das einfach intus. Mit denen
plaudert man vertraut, vielleicht läuft es gerade ein wenig
unrund und dann fällt vielleicht rein zufällig auch noch das
Stichwort „Strudlhofstiege" und schon murmeln sie gleichsam
wie zum Trost vor sich hin: „Viel ist hingesunken uns zur
Trauer / und das Schöne zeigt die kleinste Dauer." Die kennen
das sehr gut. Denn so steht's bei ihnen ums Eck in Stein
gemeißelt, auf der Strudlhofstiege. Und das ist nur das Ende
der Inschrift – sicher könnten diese Grätzelverbundenen auch
ohne zu zögern die ersten Zeilen der Inschrift rezitieren.

Doch wir lassen die Strudlhofstiege, die dem Roman
seinen Namen gab, einstweilen beiseite, wenden uns hinab
zur Porzellangasse und dort weiter bis zum Haus mit der
Nummer 44. Denn jene, die dort wohnen, sind noch ganz
andere literarische Experten, die haben ihren Heimito von
Doderer quasi in Fleisch und Blut und wissen selbstredend
geschichts- und literaturbewusst, was jener über ihr Haus
beschrieb: Das Haus der Porzellangasse 44 „ist (es steht
noch [und es steht immer noch, Anm. des Autors]) die eine
Hälfte eines Doppelgebäudes, aus zwei ganz gleichen Häusern, die zusammen ein symmetrisches Gebilde ergeben, eine
beängstigende Bau-Art". Der Architekt, so überliefert uns
Doderer weiter, sei ein gewisser Miserowsky gewesen – doch

dann spekuliert er weiter, vielleicht seien es ja zwei Brüder Miserowsky gewesen, gar Zwillinge? Das schien ihm am passendsten zu sein.

Eine kleine dichterische Freiheit, gewiss. Denn so genau und präzise, wie Doderer es beschreibt, hatte er einfach wissen müssen, dass in diesem Doppel- und Zwillingshaus – von dem nur noch die eine Zwillingshälfte die Originalfassade trägt –, dass in diesem beschriebenen Haus also unten im Flur auf einem Schilde steht:

„Erbaut von Architekt u. Stadtbaumeister O. Luckeneder u. C. Miserowsky 1892".

Es waren also zwar zwei Bauverantwortliche, aber mitnichten Brüder oder gar Zwillinge, dies war wohl nur angemerkt worden, weil es eben für Doderer so schön zur Zwillingshausbeschreibung gepasst hätte.

Nun also zum wirklich Besonderen dieses Hauses: In ihm wohnte im Roman nämlich E. P. und zwar in einem ganz speziellen Zimmer. Denn in diesem Raum, den E. P. bewohnte, erklangen in regelmäßigen Abständen ganz eigenartige Geräusche, „übrigens in einer seltsam hohlen und klagenden Weise wie eine Äolsharfe". Die Ursache dieser Töne ist auch recht schnell geklärt – denn sie wurden, so Doderer, jedes Mal dann erzeugt, wenn durch die Gasse eine Straßenbahn vorbeifuhr. Die Straßenbahn bezog schon damals ihre Energie über eine Oberleitung – und die war befestigt an einem quertragenden starken Kabel, das just an jener Ecke fixiert war, daran die Leitungen hingen, in dessen Nähe sich das Zimmer des „kleinen E. P." befand.

Jenen, die jetzt dieses literarisch verewigte Haus bewohnen, braucht man das nicht lange erklären, denn zu oft schon sind sie von literarisch interessierten Touristen besucht worden. Wir marschieren durch die Gänge und suchen die Wohnung, die sich ungefähr an jener Stelle befinden könnte, wo jenes Oberleitung-tragende Kabel das Haus erreicht. Denn auch dieses Stahlseil endet immer noch in der Fassade des Miserowsky'schen Hauses. Jene Wohnung, an der wir das Oberleitungskabel vermuten, ist gerade leer. Doch an der Tür zur mutmaßlichen Nachbarwohnung öffnet uns Frau Bucher – und die braucht nur das Stichwort „Doderer" zu hören, schon kramt sie in den Schubladen ihrer Wohnung und findet umgehend die recherchierte und penibel aufgezeichnete Chronik des Hauses.

Frau Bucher liefert uns damit die endgültige Bestätigung, dass Heimito von Doderer ganz genau gewusst haben musste, wer dieses Haus geplant und erbaut hatte – war er doch selbst schicksalhaft mit dem Gebäude verbunden. Denn der Literat

hatte dieses Haus nicht nur im Zuge seiner Recherchen besucht – er ging hier regelmäßig ein und aus; in der beschriebenen Wohnung habe er sogar seine erste Frau kennen gelernt. In diesen Räumen wohnte nämlich einer seiner Waffengefährten des Ersten Weltkrieges, „E.P." ist die literarisch dezente Abkürzung für den Namen Ernst Pentlarz. Das

erste Mal hatte Doderer ihn hier am 14. August 1920 besucht,
kurz nachdem er aus der Kriegsgefangenschaft in Sibirien
zurückgekehrt war. Man saß im Eckzimmer im ersten Stock
des Hauses, im Speisezimmer der großen Wohnung des Vaters
von Pentlarz, die jener nur selten benützte, da er sich die
meiste Zeit in Böhmen aufhielt. Genau vor dem Schlafzimmer

dieser Wohnung endete auch die Halterung der Oberleitung, die jene eigentümlichen Töne erzeugte.

Diesem ersten Besuch sollten noch viele folgen. Doch wir wissen nicht, wie gut Ernst Pentlarz in späteren Jahren auf Doderer zu sprechen war. Dieser Pentlarz, den Doderer in den 20er Jahren immer wieder besuchte, meist um dort Karten zu spielen, war nämlich mit einer gewissen Gusti Hasterlik liiert. Die Freundschaft dauerte bis zu einer Heurigenpartie am 24. Juli 1921, die noch dazu Pentlarz selbst angeregt hatte. Nach diesem gemütlichen Beisammensein bei gutem Wein war alles anders. Und die Gusti heiratete später Heimito. Und nicht Ernst.

Eine dieser Bäumchen-wechsel-dich-Begebenheiten, wie sie nun einmal gelegentlich vorkommen. Für Doderer allerdings hatte dies nachhaltige Folgen. Denn die von der Straßenbahn angeregten äolshaften Töne in der Porzellangasse begleiteten Doderer auch im wirklichen Leben über die Jahrzehnte hinweg: „Wann immer ich später und anderswo diesen Ton hörte, ist E.P. in mir aufgestiegen, mit seinem Zimmer, seinen Büchern, seinem Charme, seinem Unglück … seiner Güte und seinem Wert", schrieb er in seinen Tagebuchnotizen.

Und da schwingt eine gehörige Portion schlechten Gewissens mit. Mit „seinem Unglück" tönte bei Doderer sicher auch ein wenig das gemeinsame und trennende Schicksal mit – und nicht nur das, was er in den „Tangenten" in einer Fußnote über Ernst Pentlarz anmerkte. Dass er im KZ Auschwitz ermordet worden sei.

In der „Strudlhofstiege" verwendet Doderer fast dieselben Worte: René beschreibt darin, dass immer beim Ertönen dieses Oberleitungstones E.P. in ihm aufgestiegen sei, „mit seinem Zimmer, den seltsamen grellfarbenen Puppen darin, mit seinen Büchern, seinen leicht getrübten Augen, seiner Heftigkeit, seiner Güte und seinem Wert".

Das mit dem „Unglück" lässt der Autor hier beiseite. Darum kehren wir aus dem Miserowsky'schen Haus zurück zur Strudlhofstiege, die Doderer in aller epischer Breite, verpackt in einem Gespräch zwischen Melzer und dem René Stangeler, beschreibt, die sich im Laufe des Romans des Öfteren begegnen. Als Jugendstil-Bauwerk, das einem Gedicht gleiche, „eine Ode mit vier Strophen", wird es da beschrieben, 1910 erbaut nach den Entwürfen Johann Theodor Jaegers, der im Wiener Stadtbauamt tätig war. Einer, der gar kein Architekt, sondern ein Ingenieur gewesen sei, ursprünglich Assistent an der Technischen Hochschule, genauer noch in der Abteilung für Brückenbau.

Davor sei an dieser Stelle keine Vorläuferstiege gewesen, beschreibt Doderer, diesen Bericht Stangeler in den Mund legend, sondern eine wild bewachsene „Gstätten", Teil eines Abhanges von der so genannten Schottenpoint zur Vorstadt hinunter. Womit also realistischerweise angenommen werden kann, dass ein derartiges Bauwerk, dem ein städtisches Biotop weichen müsste, wohl kaum noch umgesetzt werden könnte.

Benannt sei die Stiege nach dem Maler „Peter Strudel oder Strudl" und das ist keine Unschärfe oder wieder dichterische Freiheit des Autors – bei der Schreibweise dieses Künstlers scheiden sich tatsächlich die Versionen. Ein gebürtiger Italiener, Maler und Bildhauer, dessen Werk die Schwelle zum österreichischen Hochbarock bildet und der um 1690 auf dem „Rücken der Schottenpoint" ein Grundstück erworben und darauf den „Studelhof" errichten hatte lassen, mit Villa, Atelier und Landwirtschaft. Bereits ein Jahr vor Strudels Tod war dieses Haus dann als Pesthaus genutzt worden – in dem die an der Seuche Erkrankten gepflegt wurden. Dieses ursprüngliche Gebäude ist allerdings schon 1873 abgerissen worden – an dessen Stelle wurde das noch immer erhaltene „Palais Strudelhof" errichtet: ein für das ganze Land schicksalsschwangeres Haus – denn in ihm wurde im Jahre 1914 das Ultimatum an Serbien unterschrieben, welches in der weiteren Folge das Kaiserreich in den Ersten Weltkrieg führte. Andererseits aber wurden in genau diesem Gebäude im Jahre 1970 – und also erst nach Doderers Wirken – auch die Salt 1-Abrüstungsgespräche zwischen der USA und der UdSSR geführt.

Bei einer weiteren, der letzten Begegnung Melzers und Stangelers auf der Strudlhofstiege berichtet letzterer in geradezu exzessiver Breite von seiner Rückkehr aus Budapest. Wie es der Schwester gehe, fragt der eigentlich eilige Melzer – „Etelka ist tot", antwortet Stangeler. Sie hatte Selbstmord begangen, nach außerehelicher Beziehung und Skandal.

Das ist einer von vielen Hinweisen dafür, dass es Stangeler ist, dem der Autor einige Teile seiner eigenen Biografie überließ. Denn im Jahre 1927 hatte Doderers eigene Schwester Helga den Freitod gewählt und wurde somit trauriges Vorbild für Etelka in der „Strudlhofstiege".

Nein, nicht nur das Verhältnis zu und die Ehe mit Gusti Hasterlik hatte nicht im Guten begonnen und geendet – sodass jene nach der Scheidung, wenn überhaupt, dann nur schlecht und voll Hass über den „Heimo" sprach. Kein Wunder, da doch Doderer die Scheidung von seiner jüdischen Frau erst nach dem „Anschluss" im Jahre 1938 energisch betrieben hatte.

Doch auch Doderer selbst war keiner, den man glücklich hätte nennen können. „Glücklich ist vielmehr derjenige, dessen Bemessung seiner eigenen Ansprüche hinter einem diesfalls herabgelangten höheren Entscheid so weit zurückbleibt, dass dann naturgemäß ein erheblicher Übergenuss eintritt." Wenn jemand einer seiner Romanfiguren am Ende eines Werkes solche Worte in den Mund legt, dann kann er selbst sich wohl kaum in einem Gemütszustand befinden, von dem es heißt, dass ihm keine Stunde schlage.

Schickimicki statt Guckigucki

Elfriede Jelinek – „Die Klavierspielerin" und die verschwundene Peepshow

Manchmal können Filme gehörig in die Irre führen. Selbst dann, wenn sie derart präzise den Geist der literarischen Vorlage treffen, wie das Werk Michael Hanekes. In seiner „Klavierspielerin" geht Isabelle Huppert in der Toilettenanlage des Wiener Konzerthauses wild entschlossen zur Sache. Besser gesagt: Sie lässt zuerst geschehen, lässt ihren Schüler gewähren, der ihr bis hierher aufs Klo folgte, um dort nach langen, elenden Zurückweisungen in die Offensive zu gehen. Bis sie schließlich den Verlauf umdreht, sozusagen das Szepter in die Hand nimmt, einen Gegenangriff startet, ihm gleichzeitig jegliche weitere Initiative verbietet – ja, sie geht weit, sehr weit, bis an die Grenze. Doch nur, um schließlich und schlussendlich abzubrechen, ihn abzuweisen, um ihn leiden und winseln zu sehen.

Dies alles also im Film auf der Toilette des Konzerthauses in Szene gesetzt. Das wäre auch recht einfach nachzuvollziehen gewesen. Schließlich kennt man als musikalischer Stammgast die eine oder andere Toilettenanlage im Konzerthaus sozusagen in- und auswendig. Mehr noch: Es gibt sogar Musikliebhaber, die ihre eigenen privaten Toiletten daheim ganz nach dem Vorbild von Konzerthaus oder auch Musikverein gestalten und peinlich genau kopiert kacheln ließen. Dies wissen wir sogar von einem ehemaligen Mitglied der Wiener Philharmoniker.

Man hätte bei der Spurensuche nur ein wenig Obacht geben müssen, da doch das gesamte Gebäude vor gar nicht allzu langer Zeit von oben bis unten saniert worden ist – und zwar erst nach den Dreharbeiten Hanekes. Wobei während dieses Umbaus auch die Aborte eine zentrale Rolle spielten. Vor der großen Instandsetzung hatte die Direktion schon lange per aufgepickten Informationszetteln um Verständnis bitten müssen, dass die strengen Gerüche im Moment leider nicht zu vermeiden seien und hochnotpeinlicherweise erst im Zuge der Generalsanierung des Hauses dieser Mangel behoben werden könne.

Auch verließ eine Toilettenanlage während der dann folgenden Arbeiten ihren angestammten Platz in der gleichen Ebene des großen Saales und wanderte einen Halbstock tiefer, was allerdings nicht unbedingt viel ausgemacht hätte, da ja andere Anlagen – wie jene im Erdgeschoß neben der großen Garderobe – ihren seit jeher zugedachten Standort behielten und wie früher ihre Kundschaft empfangen und erleichtert wieder verlassen lassen.

Diese Erkundung allerdings scheiterte an einem kleinen, aber keineswegs unbedeutenden Detail: In der literarischen Vorlage, in Elfriede Jelineks „Klavierspielerin" findet die ganze Szene ganz und gar nicht im Konzerthaus statt – sondern vielmehr in der Latrine einer Schule, in der gerade das „berühmte" Orchester des Wiener Konservatoriums probt und ihm dabei die diversen Musikschüler zuhören dürfen.

In dieser Schule also stürmt die literarisch originale Erika die Treppe hinauf, um im letzten Stockwerk auf dem Abort möglichst ungestört ihre Notdurft verrichten zu können, betritt die stinkende, geradezu widerwärtig beschriebene Anlage, erleichtert sich und wird dort von ihrem Schüler Walter Klemmer überrascht, lässt erst geschehen um dann selbst die Sache resolut und erniedrigend in die Hand zu nehmen, ohne aber – zur Pein des Opfers – das Begonnene zu vollenden.

Die Schule und ihr Standort, wo sich dies alles zuträgt, bleibt unbestimmt und im Nebel verhangen. Daher wird es nichts aus dieser einen Fährtenlesung.

Dafür aber ist ein anderer Schauplatz im Buch bei weitem präziser ins Bild gerückt. Erika verlässt in dieser Szene ihre musikalische Wirkungsstätte, streunt durch die Stadt, durch Häuserschluchten, marschiert erst durch eine Wohngegend, wobei ein Satz in der Beschreibung sofort auffällt: „Wer jetzt kein Heim hat, wünscht sich zwar eins, wird sich aber nie etwas dergleichen bauen können", auch mit Bausparkasse und Krediten nicht. Und das kann eigentlich nur eine Anlehnung, eine Referenz an Rainer Maria Rilke sein: „Herr, es ist Zeit. Der Sommer war sehr groß … wer jetzt kein Haus hat, baut sich keines mehr. Wer jetzt allein ist, wird es lange bleiben …"

Doch all dies lassen wir zurück, folgen Erika weiter auf ihrem Streifzug, bis die Frauen, die ihr begegnen, immer weniger werden und nur noch Männer ihren Weg kreuzen; „bellende türkische Ü-Laute" sind zu hören, dazu „kehlige serbokroatische Kontratenöre" – und wir sind am Gürtel gelandet, bei einem Bogen unter der Stadtbahn, in den eine Peepshow hineingebaut ist. In eines jener Gewölbe also, die das Viadukt dieses inzwischen von der U6 abgelösten Verkehrsmittels bildet, welches aber immer noch nicht guten Gewissens U-Bahn genannt werden kann und daher oft auch der wirklichen Erscheinung entsprechend vor allem von Kindern „U-Bim" genannt wird. Da das Gefährt nun einmal einer Straßenbahn ähnlicher sieht als einer U-Bahn.

Damals, zur Zeit des Erika-Besuches in der Peepshow, da donnerte sie noch oben drüber, die Elektrische Stadtbahn, alle zehn Minuten erschütterte sie das Gewölbe – und unten drunter sei im Gewölbe jeder noch so kleine Raum

„säuberlich" für die Peepshow genützt worden, kein Fleck sei bei der Einrichtung der Showräumlichkeiten verloren gegangen. Und den Türken sei die Bogenform sicher entfernt von ihren Moscheen her vertraut. Vielleicht, so Jelinek, erinnerten diese Bögen auch eher an die Räumlichkeiten eines Harems. Und das kommt der Sache schon näher. Aus Ziegeln sei der Bogen errichtet worden, der Laden darin, in dem sich nackte Frauen räkeln und strecken, sei ganz genau eingepasst. Der Bogen darüber – darunter alles voller nackter Frauen, „ein Venusberg im kleinen".

Neben dieser Peepshow war damals noch ein kleiner Sex-Shop, in dem man kaufen konnte, worauf man Lust gehabt habe – zwar keine Frauen, aber dafür winzige Nylon-Dessous mit Schlitzen wahlweise vorne oder hinten.

Die Pianistin und Klavierprofessorin Erika Kohut betritt also diese Peepshow am Wiener Gürtel. Und sie ist nicht zufällig auf ihrem städtischen Streifzug hier vorbeigekommen – sie ist gut vorbereitet. Ihr Täschchen, das sie zusätzlich zu ihrer Notenmappe mit sich trug, sei von vorsorglich gesammelten Zehnschillingmünzen geradezu ausgebeult gewesen. Erika wirft also ein, einen Zehner nach dem anderen – jedoch nicht, um selbst aktiv zu werden: „Sie will nur schauen. Sie will einfach still dasitzen und schauen. Zuschauen. Erika, die zuschaut ohne anzustreifen. Erika hat keine Empfindung und keine Gelegenheit, sich zu liebkosen."

Während die Männer ringsum recht eifrig tätig werden: „Die eine Hand wirft, die andere pumpt die Manneskraft sinnlos zum Fenster hinaus. Der Mann isst zuhause für drei, und hier lässt er es einfach achtlos zu Boden klatschen." Und dann noch einmal dieses Anlehnen an Rilke: „Wer jetzt nicht kann, der kann nie mehr. Wer jetzt allein ist, wird es lange und ungern bleiben."

Erika gelangt an eine Grenze – und geht nach Hause.

Es gibt eigentlich nur einen einzigen Ort entlang des gesamten Gürtels, auf den diese Beschreibung Jelineks passt. Und vom Prinzip her hat sich genau hier, an dieser Stelle, nicht wirklich viel verändert. Menschen kommen nach wie vor zu diesem Gürtelbogen, um sich zu präsentieren und darzubieten oder selbst zu gaffen. Ausgegeben wird vermutlich ähnlich viel wie vorher. Nur wird jetzt für etwas anderes gezahlt. Nämlich für die Aufnahme von Nahrung und Flüssigkeiten – und nicht für deren Abgabe. Außerdem hat sich der Serviettenverbrauch deutlich reduziert.

Gleichzeitig ist dieses Eck jetzt aber auch vollkommen anders als in Jelineks Roman. Obwohl neuerdings wieder riesige rote Lampions für jede Menge Rotlicht sorgen. Jetzt wird die Schickheit des Szenelokals „Babu" in großzügigen Auslagen der Straße dargeboten, wo früher hinter Verschlägen heimlich die sich räkelnden Nackerbatzeln angespechtelt wurden.

Ja, es war die vermutlich älteste Peepshow von Wien, die sich genau hier an der Kreuzung von Gürtel und Nußdorfer Straße befand. „Ja, ja, genau da drin war es. Da drin im Babu", bestätigt ein schon leicht Gespiegelter am Würstelstand. Ob er selbst vielleicht auch einmal in die Peepshow hineingegangen sei? „Nein!", weiß er trotz seines getrübten Zustandes mit absoluter Bestimmung. Ehrlich? „Na, na, da bin i nie eine." Denn drinnen will niemand gewesen sein. Nur manche meinen jetzt, da es längst zu spät ist: „Schad', da wollt' ich immer schon rein."

Und das ist kein Einzelfall. Generell ist die Zeit, in der sich die käufliche Liebe fast ausschließlich am Wiener Gürtel präsentierte – ob heimlich durch Schlitze spechtelnd oder aufgeputzt auf dem Gehsteig auf- und abstolzierend –, wie weggeputzt. Jetzt kann man hierher in das „Babu" oder in all die anderen Szenelokale kommen, für einen essen und für drei zahlen. Peepshows sind in Zeiten der Videokabinen längst passé.

Es liegt vor allem daran, dass der ganze Straßenzug zwischen Westbahnhof und Nußdorfer Straße in den 90er Jahren des vergangenen Jahrhunderts mit Hilfe von EU-Mitteln und unter Obhut der „Gürtel-Architektin" Silja Tillner schick herausgeputzt wurde. Nur dort, wo die einladend transparent verglasten Lokale nicht Einzug hielten, da hält sich noch der eine oder andere einschlägige Klub.

Den klassischen wie einzigartigen Straßenstrich aber, der, längst legendär, sogar von Touristen in einigen gewagten Rundfahrten im Auto bewundert wurde – den haben die schicken neuen Restaurants und harmlosen Bars längst in die Seitengassen verdrängt. Sei es nun die Felberstraße, die sich nun als regelrechte Lustmeile von der Linzer Straße bis nach Penzing hinaus zieht. Oder die Hütteldorfer Straße. Oder – und dies mit deutlich mehr „Illegalen" – die äußere Mariahilfer Straße. Dort heißt es nun bei weit schummrigerem Licht: „Kumm Schatzi!" und „Machma was Nettes?"

Auf dem gut erleuchteten und harmlos schick belebten Gürtel aber, da gibt es höchstens noch das eine oder andere

Lokal, in dem sich die Frauen wie niederländisch in den Auslagen der Klubs präsentieren. Aber auf der Straße selbst, da sind sie nur noch vereinzelt anzutreffen. Kein Wunder. Denn gegenüber von jugendlich und prall gefüllten Lokalen – wer würde da noch mit dem Auto seine aufgegeilten Runden drehen wollen? Wenn auf der anderen Straßenseite vielleicht gerade die Tochter im Schanigarten entspannt ihren Freunden und Freundinnen zuprostet.

Schüler Ivanschitz hat absolviert

Friedrich Torberg – „Der Schüler Gerber" und das Realgymnasium in Ottakring

„Diesen Professor haben wir hier nicht", wissen sie in der Direktion ohne eine Sekunde zu zögern und mit Bestimmtheit. Natürlich gibt es den hier nicht. Und ehrlich gesagt: Unser Ansinnen in der Direktion des Gymnasiums 16 in der Maroltingergasse war auch kein wirklich ernsthaftes gewesen: „Wir sind auf der Suche nach dem Professor Kupfer."

Den können wir hier nicht aufstöbern, weil es ihn hier auch nie gegeben hat. Jener Professor, den Friedrich Torberg für seinen Roman „Der Schüler Gerber" zum Vorbild für die Figur Kupfer genommen hatte, muss wohl irgendwo in Prag existiert haben. Denn dort hatte Torberg maturiert. Dort war er auch einmal glatt durchgerasselt, genau wie der Schüler Gerber. Wobei allerdings Torberg im Gegensatz zu seinem tragischen Romanhelden einen zweiten Anlauf nahm und die Reifeprüfung dann mit Ach und Krach schaffte. 1927 war das.

Es ist trotzdem ein recht eigener Wiener Wettstreit, wenn man sich hier auf die Suche nach „Gott Kupfer" begibt. Denn in seinem Roman „Der Schüler Gerber hat absolviert", den Torberg nur drei Jahre nach seinem wenig glamourösen Erlangen der Reife fertig geschrieben hatte, ließ er die Orte der Handlung weitgehend offen. An einer Stelle heißt es nur vage: „Die Schüler des letzten Jahrganges am Realgymnasium XVI hatten sich im Klassenzimmer versammelt." Die

Stadt wird nicht näher benannt. Und nur einmal heißt es noch: „… sie beschlossen, das Vormittagskonzert im Stadtpark zu besuchen." Trotzdem gibt es gleich mehrere Versionen, welche Schule das gewesen sein musste, wenn man den Schüler Gerber erwähnt. Ein Absolvent des Akademischen Gymnasiums etwa behauptete umgehend, dass jedenfalls seine Schule das Vorbild gewesen sein müsse – vielleicht auch ein wenig, um gleich mit zu dokumentieren, was er denn nicht alles während seiner schulischen Laufbahn erlitten habe. Nur: So viel wie bei Torberg gibt es im Akademischen Gymnasium gegenüber dem Wiener Konzerthaus längst nicht mehr zu erleiden und es gilt sogar als hervorragende Schule. Und eines ist das Akademische Gymnasium ganz sicher nicht: im 16. Bezirk. Das liegt wohl an der Macht der Bilder. Denn dieses Schulgebäude war zwar nicht Vorbild für Torberg – aber für Wolfgang Glück, der den Roman mit Gabriel Barylli in der Hauptrolle verfilmte und 1981 in die Kinos brachte.

Konzentriert man sich hingegen auf den 16. Bezirk, Ottakring, für den Torbergs Bezeichnung „Realgymnasium XVI" natürlich spricht, stehen zwei Schulen zur Auswahl: Das Gymnasium und Realgymnasium in der Maroltingergasse oder aber das Realgymnasium am Schuhmeierplatz. Nennt man nun die Maroltingergasse, so kommen umgehend Reaktionen, dass Torberg doch wirklich nur den Schuhmeierplatz gemeint haben könne. Ganz so, als wäre es wichtig, dass unbedingt diese Schule das Vorbild für die Literatur gewordene Schweinerei einer Lehrperson gewesen sein muss.

Dabei ist das von keinerlei Relevanz – und wir begeben uns einfach in ein Realgymnasium XVI, um nach möglichen Nachfolgern von „Gott Kupfer" zu suchen. Und da es einen „Kupfer" naturgemäß nicht gibt, fragen wir einfach, wer denn wie jener im Roman hier Mathematik und Geometrie unterrichte. Und so stehen wir in der großen Pause dann endlich vor „Gott Kupfer", wie er sich im angehenden 21. Jahrhundert präsentiert – und es ist eine „Göttin". Und auch sonst ist diese Lehrerin das blanke Gegenteil des literarischen Vorbildes. Nur eines hat Katrin Oberdorfer mit Artur Kupfer gemein: Sie unterrichtet Mathematik und Geometrie an einem Gymnasium im 16. Bezirk. Sowie Chemie.

Noch nicht einmal 30 Jahre alt ist die gebürtige Kärntnerin, unterrichtet erst seit ein paar Jahren an dieser Schule. Und wie anders ist sie als jener Kupfer, der sich selbst nur über die Macht definierte, die er gegenüber Schülern ausübte. Der in den Sommerferien litt, „weil er als Mensch unter Menschen gewandelt war und nicht als Gott unter Schülern, weil er keinen vor seiner Allgewalt erbeben machen konnte …" Kupfer, der Schüler bei Bedarf so lange niederprüfte, bis sie endlich versagten und er ihnen ein „Ich danke. Nicht genügend, setzen" aufbrummen konnte. Begonnen hatte die verhängnisvolle Schüler-Lehrer-Beziehung im Roman ja damit, dass Kupfer bereits bei seinem ersten Auftritt in der Klasse erklärt hatte, es gebe die Dummen, die nachher

weinen – und die Gescheiten, die lachen würden. Kurt Gerber hatte Kupfer gleich mit einem „Haha" verhöhnt. Und schon mit der Antwort „Gerber! … Sie werden vielleicht zu denen gehören, die nachher weinen", hatte Kupfer im Grunde genommen bereits sein Urteil gefällt.

Auch Katrin Oberdorfer lacht – aber aus gänzlich anderen Motiven. Diese Lehrerin lacht offensichtlich gerne, weil sie im Grunde eine Frohnatur ist. Worauf Katrin Oberdorfer im Unterricht Wert legt? „In der Oberstufe vor allem darauf, dass die Schüler selbstständiger werden. Ich versuche ihnen klar zu machen, dass sie ja nicht für mich lernen. Ich weise immer wieder darauf hin, in welchen Bereichen sie das hier Gelernte einmal brauchen werden." Und wie es mit der Disziplin aussehe? „Mir sind Teamarbeit und soziales Lernen wichtig", wägt Oberdorfer ab. „Und wenn in der Klasse kommuniziert wird, ist es ja klar, dass nicht nur der Lehrer spricht."

Trotzdem gibt es natürlich wie in jeder Schule Konfliktfälle. Wie sie damit umgehe? „Na ja, vor allem ganz am Anfang, da haben ein paar geglaubt, da kommt eine ganz Junge und da können sie gut Grenzen ausloten. Da muss man halt von Anfang an klar machen, was einem wichtig ist und worauf man Wert legt – dann geht das schon", lächelt Oberdorfer und das ganz und gar nicht wie in der Literatur jener ausrangierte Soldat: „Hauptmann Kupfer – ich war im Weltkrieg Hauptmann – sieht alles, merkt alles, weiß alles." Ein Anspruch, den Oberdorfer ganz gewiss nicht erhebt. Passionierte Lehrerin ist sie ebenso wie Kupfer. Wenn auch aus anderem Antrieb heraus. „Mathematik hat mich immer schon fasziniert. Und Lehrerin wollte ich bereits seit meinem ersten Schultag werden." Nur das jeweilige Ziel wandelte sich im Laufe ihrer Schullaufbahn: „In der Volksschule wollte ich Volksschullehrerin werden, später Mittelschullehrerin." Jetzt bereitet sie an einem Realgymnasium XVI. die Jugendlichen für die Matura vor.

Falls sich in dieser Schule nun mit einer Lehrkraft aus irgendeinem Grunde ein ähnliches Missverhältnis wie bei Kupfer‒Gerber gegenseitig aufstacheln würde, bestünden gute Chancen, dass die Affäre ein anderes Ende nähme als im Roman. Denn da gibt es nicht nur eine Kollegin, die bei Fragen zur Berufsorientierung zur Verfügung steht, sondern darüber hinaus auch noch zwei allgemeine Schülerberater. Gibt es Probleme zwischen den Schülern, helfen Schülerinnen und Schüler der Oberstufe im Rahmen einer Mediation, Konflikte zu bewältigen und Lösungen zu finden. Noch wichtiger aber: In der Maroltingergasse gibt es nicht nur einen Schularzt, der sowohl in Allgemeinmedizin als auch in Sportmedizin ein Experte ist ‒ was bei einem Gymnasium mit besonderem Sportschwerpunkt ja nahe liegend ist. Mehr noch: Seit einigen Jahren wird auch eine eigene schulpsychologische Beratung angeboten und eine eigene Schulpsychologin, Frau Dr. Eva Adler, hält an der Schule regelmäßige Sprechstunden ab. An die würde sich ein leid-„geprüfter" Nachfolger von Kurt Gerber hoffentlich rechtzeitig wenden.

Es ist ein ganz offensichtlich anderer Geist, der diese Ottakringer Schule durchdrungen hat. Schließlich wird in ihr auch der Standort „Maroltinger"-Gasse folgendermaßen buchstabiert: „Musisch begabte, Arbeitsfreudige, Rücksichtsvolle, Originelle, Leistungsbewusste, Teamfähige und tolerante, Interessierte, Neugierige und naturverbundene, Gewissenhafte, Engagierte, an Herz und Verstand Reiche Gemeinschaft".

Im „Schüler Gerber" kam das „Staatsrealgymnasium XVI" am Ende mit einer Notiz in die Zeitung: „Wieder ein Schülerselbstmord", stand darin. Der verzweifelte 19-jährige Oktavianer Kurt Gerber habe sich demnach am Tag der Matura knapp vor der Bekanntgabe des Prüfungsergebnisses „aus dem im dritten Stockwerk gelegenen Klassenzimmer auf die Straße" gestürzt. Und das, obwohl er ‒ wie sich wenig später herausstellte – von der Prüfungskommission für reif erklärt worden sei.

Auch das Gymnasium 16 in der Maroltingergasse kommt immer wieder in den Zeitungen vor. Gelegentlich auch im Zusammenhang mit der Reifeprüfung. Im Jahr 2003 wurde etwa in den Gazetten vermeldet, dass ein ziemlich prominenter Schüler am Oberstufenrealgymnasium für Leistungssport die Matura bestanden hatte: Der damalige Rapidler Andreas Ivanschitz hatte den eigens für hochbegabte Sportler eingerichteten Zweig erfolgreich absolviert. Andi Ivanschitz, bereits als „Fußballer des Jahres" gefeiert, auch der jüngste Teamkapitän, den die Österreichische Nationalmannschaft bis dahin hatte. Und noch dazu ein offensichtlich g'scheiter Kicker – weil mit Matura.

Aber wenn es nicht die Schule ist, im weiteren Leben ist man auch nicht vor höchst unangenehmen Erlebnissen gefeit: Auch einem Andreas Ivanschitz blieben traumatische Erlebnisse nicht erspart. Und als er in der Saison 2005/2006 nach Salzburg wechselte – ausgerechnet Salzburg, das mit darum wetteiferte, den Rapidlern den gerade erst errungenen Meistertitel wieder wegzuballern – da wurde das von den grün-weißen Fans höchst aufgebracht entgegengenommen. Als Ivanschitz dann das erste Mal mit den Salzburgern im Rapid-Stadion gastierte, musste er, auf dem Bankerl sitzend, die übelsten Beschimpfungen über sich ergehen lassen. In diesem Stadion ist es ohnehin üblich, wenn vor dem Spiel die Gastmannschaft präsentiert wird, die Ansage der Spieler-Nachnamen mit kollektiven „Oaschloch"-Rufen zu übertönen. Und dann kommt der früher so innig geliebte Ex-Kapitän mit den Salzburgern – da wird in „St. Hanappi" recht schnell ballestrisch exkommuniziert.

In diesem Moment mag sich Andreas Ivanschitz wohl ganz genauso gefühlt haben, als hätte ein „Gott Kupfer" gerade „Ich danke. Nicht genügend, setzen" gesagt.

Des „Gmiad" im Ottakringer Schrebergarten

H. C. Artmann – „wos an weana olas en s gmiad ged"
(was einem Wiener alles ans Gemüt geht)

Schön haben sie sich's hier herg'richtet. All die putzigen Garterln, die Bäume und Sträucher, die blank gemähten Wiesen, die Zwergerln, die kleinen Springbrunnen, die Schilder, so lustig, voll „Hamur" – das geht ans „Gmiad".

Ist das nun positiv oder negativ gemeint – da muss man schon ein bisserl tiefer eintauchen ins Wiener Idiom. Denn das „Gemüt" hat als Wienerisches „Gmiad" gewiss mehr als nur zwei Bedeutungen, die erst im Zusammenhang sich dem erschließen, der die Wiener Seele ein klein wenig ergründet hat. Und die ist tief. „Tiaf" auf gut Wienerisch – und schon sind wir beim nächsten Doppelsinn.

Doch zurück zum „Gmiad". Das hat sehr viel mit der „Wiener Gemütlichkeit" zu tun. Gemütlich kommt von Gemüt. Aber wenn in Wien etwas „en s gmiad gehd", steht noch nicht unbedingt fest, wie das wirklich gemeint ist. Das kann „leiwand" sein – oder „oasch" – toll oder popsch. Sinngebend fürs „Weana Gmiad" sind wie auch sonst bei sprachlichen Doppeldeutigkeiten Tonfall und die weitere Umgebung des Satzes.

Wahrhaft meisterhaft hat diesen Doppelsinn vom „Weana Gmiad" H. C. Artmann in seinem Gedicht „wos an weana olas en s gmiad ged" aufgearbeitet. Die Lektüre ist keine leichte Aufgabe für jene, die nicht in Wien aufgewachsen sind oder die sprachlichen Finessen des Wienerischen nicht intus haben. Doch dem Internet sei Dank, findet sich dort auch gleich eine Übersetzung für nicht gelernte Wiener – „Was einem Wiener alles ans Gemüt geht". Und das hilft ein wenig, sofern man noch ein bisserl nachhilft.

Das fängt schon an mit: „a faschimpöde fuasbrotesn" – das geht den Wienern „en s gmiad", eh kloar. Doch das „gmiad" ist in diesem Fall eher abseits vom Herzen angesiedelt: handelt es sich doch um „eine verschimmelte Fußprothese". Das geht einem echten Wiener ans Gemüt – in diesem Fall: an die Nieren.

Was den Wienern noch an die Nieren geht: „a schas med qastln" – das ist „ein Furz mit Quasten". Was Artmann noch nicht kennen konnte: „a roitrepn-schaß" – ein Furz, der auf der Rolltreppe vom Vordermann hinabweht. Geht voll an die Nieren, sozusagen. Zu Artmanns Zeiten aber gab's: „a zbrochns nochtgschia" – auf Hochdeutsch „ein zerbrochenes Nachtgeschirr"; „de muzznbocha med an nosnromö oes lesezeichn" – das ist „die Mutzenbacher mit einem Nasenrammel als Lesezeichen"; sowie „a rodlbadii med dode" – „eine Rodelpartie mit Toten". Oder: „es gschbeiwlad fua r ana schdeeweinhalle". Also man muss vielleicht nicht alles übersetzen. Allerdings ist es bereits hier angebracht, ein paar Anmerkungen anzubringen, um das allgemeine Verständnis zu ermöglichen.

Die Mutzenbacherin beispielsweise ist ein gutes Stück urwienerischer erotischer Literatur, die wir justament genau dem Autor verdanken, der auch das Buch „Bambi, ein Leben im Walde" schrieb: Felix Salten. Und wenn man ein solches Buch (die Mutzenbacherin, nicht Bambi) durchblättert und darinnen einen Rammel entdeckte – das ginge leicht nachvollziehbar an die Nieren. Diese Mutzenbacher-Geschichte wurde später übrigens einmal fortgesetzt von einem wahren Hexenmeister der schwarzen Wiener Seel: Helmut Qualtinger setzte der „Fifi Mutzenbacher" ein Denkmal, das man als zart Besaiteter am besten so weiträumig wie möglich

umgehen sollte. Allen anderen sei das Werk ausdrücklich empfohlen.

Dann aber gibt es wiederum eine vollkommen andere Kategorie des Wiener „Gmiads", die tatsächlich eher in Richtung Gemütlichkeit und Wohlfühlen geht. Wie etwa „es genseheiffö" – „das Gänsehäufel", eine Wiener Badeinstitution, auf deren Halbinsel vor vielen Jahrzehnten schon der Freikörperkultur gehuldigt wurde. Oder: „a eadöpfesolod" – das wird zwar im Internet mit „ein Erdäpfelsalat" übersetzt, aber das ist für Deutsche auch nur die halbe Miete. Um auch jenseits des Weißwurstäquators verständlich zu sein, muss hier angemerkt werden, dass es sich hierbei um einen „Kartoffelsalat" handelt und angesichts eines solchigen – sofern er anständig nach Wienerart zubereitet wurde – geht einem Wiener „des Herz auf". Das ist ausschließlich positiv besetzt und etwas vollkommen anderes, als wenn einem Wiener „des Feitl in da Hosn aufgeht" – ihm also sich das Springmesser schon im Hosensack eröffnet.

Inmitten dieser doppeldeutigen Aufzählung in Artmanns Gedicht steht nun unvermittelt: „a schrewagatal en otagring" – „ein Schrebergarten in Ottakring". Und genau das ist der Punkt, wo selbst ein „g'standener Weana", ein gestandener Wiener also, innehält. Denn ob dies bei Artmann positiv oder negativ besetzt ist, gilt es erst zu ergründen.

Wir tauchen also ein, in die hochsommerliche Idylle, die über der weitläufigen Schrebergartensiedlung hinterm Ottakringer Bad brütet. Es ist eine klare, eine eindeutige Sommerhitze – zum Glück kein Föhn. Denn was der in Wien bedeutet, hat ebenfalls Qualtinger in Versen beschrieben:

„So a unguada Nochmittag.

De Schedln san eitrig vor Föhn"

Ein Nachmittag also, an dem die Köpfe vom Föhn „eitrig" seien, an dem alle streiten, so heißt es im Gedicht weiter, manche sich erbrechen, ein paar sich umbringen; „De, de si ansaufn, san no am bestn draun" – jenen, die sich betrinken, gehe es laut Qualtinger also an solchen föhnigen Tagen noch am besten.

So ein Tag ist es aber nicht. Der Schrebergarten brütet unter der einfachen, geraden Augusthitze. Ein Reich, das H. C. Artmann gleich noch zu ganz anderen Gedichten inspiriert hätte. Oder auch hat. Schließlich hatte er ja auch nicht weit von hier tatsächlich gewohnt. Das hat der Künstler selbst dokumentiert im Gedicht:

„i won zimlech weit draust

geng schdaahof zua –

anahoeb schdund fost

fon schdeffansbloz wek"

Sprich: Artmann wohnte ziemlich weit draußen in der Nähe vom Steinhof – eine durch die dort angesiedelte Irren-anstalt berühmt gewordene Gegend von Wien. Und das kann in der einen Richtung der 14. Bezirk Penzing – oder eben auf der anderen Seite der „sechzehnte Hieb" und also der

16. Bezirk Ottakring gewesen sein. Auf jeden Fall brauchte er damals aber nahezu eineinhalb Stunden, um zum Stephansplatz zu gelangen. Und das war offensichtlich noch vor der Eröffnung der Wiener U-Bahnlinie U3, die unterhalb vom Steinhof von Ottakring über Penzing ins Stadtzentrum führt.

Wir schauen uns um in der Schrebergarten-Siedlung. Da sind sie „aufg'fad'lt" – aufgefädelt –, die Sonnenschirme, die Planschbecken und gleich daneben die „Sechzehner-Wampen" – das sind die Ottakringer Bierbäuche, im Wienerischen benannt nach Ottakring, dem 16. Wiener Gemeindebezirk, in dem auch das „Ottakringer" Bier gebraut wird. Folgerichtig gibt es auch das „sechzehner Blech" – eine Dose Ottakringer Bier. Und die „sechzehner Hüsn" – eine Flasche Ottakringer Bier.

Wir schlendern weiter durch die Schrebergarten-Anlage und lauschen dem Hundebellen und Kinderquietschen, das über die Zäune hinweg zu uns tönt. Und über all das legt sich wie in der Kirche der Weihrauch, die Wienerischen Schwaden der „Grillasch", die Dunstschwaden der Holzkohle, über der das Grillgut brutzelt. Das ist urwienerisch und natürlich etwas

vollkommen anderes als die türkische Grillerei von Lamm-
koteletts im „Little Istanbul" auf der Donauinsel oder auf den
vielen Wienerwaldwiesen.

Wir spechteln zwischen den Zaunlatten durch und
erblicken Schilder mit Gemütlichkeitsparolen über den
Heerscharen von Gartenzwergen. Und wir stellen fast
befriedigt fest, dass der ewige Widerstreit der Wiener
Schrebergärtnerei noch immer nicht entschieden ist: peinlich
genau abgefitzelte Rasen – oder aber wildes Wuchern des
naturnahen Buschwerks.

Dann biegen wir aber ab, trauen uns in einen Gang, vor
dessen Tor ohnehin schon ein abschreckendes, angerostetes
Schild wie warnend hängt: „Kein Durchgang – Sackgasse".
Dahinter gleich ein Haus mit einer Terrasse, die dem Haupt-
weg regelrecht den Rücken zuwendet. Auf der sitzen zwei
Typen, Marke Goldkette im „Brustpeppi" – dem Brusthaar-
toupet – und die wir besser nicht einmal ansatzweise befragen,
welchen Geschäften sie sonst so nachgehen.

Wir marschieren still weiter. Beobachtet über einen
Konvexspiegel an der Stange dieses Grundstücks – ein
Beobachtungsgerät, wie sie sonst an Straßenecken montiert
sind. Praktisch ist das – sieht man gleich mit einem Blick, ob
ungebetener Besuch droht. Dann könnte man im Falle des
Falles immer noch schnell auf der anderen Seite beim Türl
raus. Von wegen Sackgasse.

Und das geht uns „en s gmiad", des is uns nimmer
wuascht – das ist uns nicht mehr egal.

Bei H. C. Artmann endet das Gedicht allerdings mit dem
in Wien stets präsenten Hintergrund:

„und en hintagrund auf jedn foe:
da liawe oide schdeffö!"

Im Hintergrund also auf jeden Fall der liebe alte Stephans-
dom. Doch der war für Artmann von hier aus noch gut
eineinhalb Fahrstunden entfernt.

Der Mörder im Auto des Kaisers

Anton Kuh – „Das Hofauto" in „Metaphysik und Würstel"
und die kleine Rebellin

Catarina ist eine kleine Rebellin. Das muss sie auch sein. Im Alter von knapp drei Jahren hat man sich längst noch nicht allen absolutistischen Regelwerken unterworfen, die das Leben so vor einem aufstellt. Das mit dem Warten vor der roten Ampel – das kann gerade noch akzeptiert werden. Das mit dem Handgeben beim Betreten und Verlassen der Rolltreppe – gut und schön. Aber nur unter Protest. Doch beim „Auto'biern", da gibt es keine Kompromisse. Wenn es ums „Autoprobieren" geht, dem unter Aufsicht hinterm Lenkrad sitzen und die vielen Schalter und Knöpfe ausprobieren, da bedarf es schon großer List, sie dann doch und ohne Geschrei auf ihren Sitz nach hinten zu locken.

Es ist für sie die Zeit des Aufbruchs und der großen Begeisterung. Schönbrunn etwa ist ein nie versiegender Quell der Sensationen. Allerdings vor allem der „'rolerhof" – der „Tirolerhof" im Tiergarten, in dem die vielen die Hand schleckenden Ziegen und Schafe, die Pferde, die Kühe und die gerade erst geschlüpften Küken warten. Das große Schloss hingegen entlockt ihr beim Vorbeifahren höchstens ein „Schau mal, Schloss!". Und wenn man anmerkt, dass dies Schönbrunn sei, kommt gleich die Gegenfrage: „Wohnen da die Tiere?" – „Nein, da hat der Kaiser gewohnt." – „Kaiserschmarrn?" Den Begriff, den kennt sie schon gut.

Und nun gilt es dies alles zu kombinieren. Schönbrunn – und ein Auto. Aber eines, in dem man auf gar keinen Fall und unter gar keinen Umständen „Auto'biern" darf – schließlich steht es nicht irgendwo, sondern im Museum, in der historischen Wagenburg neben dem Schloss, neben all den prächtigen Hofkutschen. „Catarina, wenn wir im Museum sind, darfst du dort nichts angreifen – nur anschau'n", wird ihrem jungen rebellischen Geist immer und immer wieder eingetrichtert.

Dementsprechend ist auch schon die begeisterte Vorfreude. „Wo ist die Kutsche? Wo?", begehrt sie immer wieder – bis im großen Ehrenhof endlich das erste touristische Gefährt vorbeiklappert.

Und dann stehen wir endlich vor dem Auto. Vor dem Auto. Es ist mit allergrößter Wahrscheinlichkeit genau jenes Vehikel, von dem sich der Wiener Kaffeehausliterat Anton Kuh wünschte: „Gäbe es ein Museum ‚Altösterreich', worin alle Gegenstände ausgestellt wären, an die sich k.k. oder k.u.k. Denkwürdigkeiten knüpfen, ich wünschte in ihm vor allem das letzte Hofauto des letzten Kaisers zu sehen." Denn es sei vor allem ein Denkmal für die unvergleichliche, „liebenswürdige Form" des österreichischen Zusammenbruches.

Catarina schaut kurz – hat dann aber nur Blick für die daneben stehende Kutsche. „Da ist ein einziges, ein weißes Pferd", deutet sie entzückt auf das modellhaft nachgebildete Tier, das vor die Hofkutsche gespannt worden ist. „Mag hinauf!" – „Hier darfst du nichts angreifen!" – „Weiß ich doch."

Die Dreijährige posiert gnädig für ein Foto – aber all die Begehrlichkeiten wie „schau mal aufs Auto" prallen an ihr ab. „Da! Noch ein Pferd", hat sie weiter hinten noch eines entdeckt – und schon zischt sie los, die Mutter hintendrein. „Weiter schaun, wo noch Pferde sind!", ist ihr Schlachtruf.

Das Hofauto aber, das sich uns hier präsentiert, ist ein ausgesprochen edles der „Gräf & Stift AG Wien". Die grün

lackierte Karosserie ist von Armbruster – und aus Holz.
Anstelle der Nummerntafel und am Wagenschlag ist die
Kaiserkrone aufgemalt. Unter der Motorhaube befindet
sich eine 4-Zylinder-Maschine mit 7400 cm³ Hubraum.

Ein Viergang-Getriebe, ein Retourgang, elektrische Scheinwerfer. Die Leistung: nicht eines, nicht zwei, nicht acht Pferdestärken – sondern 45 PS. Die Geschwindigkeit: circa 90 km/h.

Die Geschichte, die sich um genau dieses Auto rankt und die Anton Kuh unter dem Titel „Das Hofauto" beschreibt, ist Folgende:

Sie habe sich in den Zeiten der österreichischen Staatsagonie zugetragen, als sich das große habsburgische Reich bereits im Zustand der Auflösung befand. In jenen Tagen sei Viktor Adler, der betagte Führer der österreichischen Sozialisten, zum ersten Male dem jungen und letzten Kaiser Karl gegenüber gestanden. Bei jener historischen Unterredung, bei der Adler, um Vermittlung gebeten, gesagt haben soll: „Habsburg hat den Krieg begonnen, Habsburg soll den Krieg beenden!"

Viktor Adler war damals bereits schwer krank: Herzschwäche, Asthma, Wassersucht. Trotzdem gestattete er sich angesichts der Staatslage keine Ruhe. Musste zum Grafen Andrássy ins Außenministerium, dann wieder zur Parteiführung – und dazwischen nach Schönbrunn.

Da bot nun Kaiser Karl dem gehetzten und kranken Parteiführer für die Fahrt ins Ministerium und für die Retourfahrt nach Schönbrunn sein Auto an. Adler zögerte, ein wenig verlegen. Schließlich gesteht er: Heute komme doch sein Bub aus dem Gefängnis in Stein zurück, den wolle er doch vom Bahnhof abholen. Karl habe trotzdem großzügig zugesagt, das mache doch nichts, Adler könne ihn ruhig abholen – schließlich hatte der Kaiser den „Buben" vor ein paar Tagen begnadigt.

Denn jener war Friedrich Adler, Viktor Adlers Sohn, der Kaiser Franz Josephs Ministerpräsidenten, den Karl Grafen Stürgkh, ermordet hatte und dafür von seiner Majestät zum Tode und später zu lebenslanger Haft verurteilt worden war.

Und so kam es, dass dieser Staatsfeind mit dem Auto Kaiser Karls vom Bahnhof abgeholt wurde, seinen Vater bei den schwierigen Parteigeschäften begleitete und dann während dessen fortgesetzter Unterredung im Kaiserschloss unten im Hofauto wartete. „Eine Woche später war Viktor Adler tot und Karl I. nicht mehr Kaiser von Österreich", endet Kuhs Bericht.

Hier erfahren wir, dass Karl dieses Auto im Jahr 1919 mit ins Schweizer Exil genommen hatte. Im Jahr 1974 sei es dann bei einer Auktion vom Unternehmen „Gräf & Stift" erstanden worden – jetzt steht es hier als Leihgabe des Vereins zur Förderung der historischen Fahrzeuge der österreichischen Automobilfabriken. So konnte also Anton Kuhs Wunsch doch noch erfüllt werden. Und auch Kaiser Karl ist inzwischen selig gesprochen.

Catarina hat inzwischen ihre Runde durch das Museum durchgefetzt und berichtet, vor Freude quietschend, von ihrem größten Fund: „Acht Pferde war'n da hinten!" Doch schon hat sie wieder anderes im Sinn: „Wo ist das Nilpferd!" Auf dem Weg zum Tiergarten versprechen wir ihr immer wieder das Nilpferd – bis uns plötzlich einfällt, dass wir ja das Nashorn in seinem neuen Gehege meinen. Das könnte gefährlich werden, wenn Catarina jetzt auf dem Nilpferd besteht.

Doch sie ist gerade höchst zufrieden. Unsere kindliche Rebellin darf heute im Kinderwagen ihres kleinen Bruders sitzen, diesem kleinen Kaiser.

Und erst am Abend beginnt sie aufzuzählen, was sie an diesem Tage alles gesehen hat – und wo wir dachten, dass sie nur achtlos daran vorbeigelaufen sei. „Kutschen hamma g'sehn. Und Pferde! Kinderkutschen. Große Kutschen. Schlitten auch. Und ein Auto."

Die Leiber in der Lobau

Patrick Rambaud – „Die Schlacht" und
die Gräuel des Ruhmes

In der Lobau liegen schon wieder Tausende Leiber. Doch wie anders präsentiert sich das Bild diesmal, wie friedlich. Heute quält nicht der Wundbrand – höchstens morgen der Sonnenbrand. Oder es ist ein anderer Brand, wenn sie heute Abend noch ein bisschen zu lange feiern. Heute werden ihnen mit der Kreide auch keine Kreuzerln auf die Arme und Beine gemalt – an jenen Stellen, wo wenig später nur die Säge anzusetzen sei. Die Körper dieser Leiber ziert höchstens das eine oder andere „Peckerl" – wie sie in Wien zu den Tätowierungen sagen. Nein, heute braucht hier niemand Angst zu haben, dass die zerfetzten Gliedmaßen abgesägt werden oder dass ein paar von ihnen an der Stirn markiert werden, weil sie die hoffnungslosen Fälle sind, die vom Arzt nicht noch ein weiteres Mal untersucht werden müssen. Denn hier liegen nur Wiener und keine Franzosen. Und die große, die blutige Schlacht von Aspern ist längst vorbei und von den meisten hier längst vergessen.

Dabei gibt es in Aspern und Eßling noch genügend Spuren und Zeichen und Bezeichnungen wie „Heldenplatz von Aspern", die daran erinnern, dass vor langer Zeit hier einmal eine der großen Schlachten der Weltgeschichte stattgefunden hat. Im Jahre 1809 – vor rund zweihundert Jahren also. Das Gemetzel, das zwei blutige Tage andauerte, gilt als das erste große Blutbad des modernen Krieges: Zu Beginn standen sich 105.000 Österreicher und 95.000 Franzosen gegenüber.

30 Stunden später waren mehr als 40.000 Menschen tot und 11.000 verwundet.

In welcher Art der Sieg über Napoleon damals in Aspern errungen wurde, davon berichtet Patrick Rambaud in seinem Roman „La bataille" – „Die Schlacht". Und zwar in schrecklicher und schonungsloser Präzision. Er entwirft in seinem erst 1997 erschienenen Buch in nüchterner, detailgetreuer Sprache ein Bild vom gegenseitigen Abschlachten, aus dem letztlich keine Sieger oder Besiegte hervorgingen. Nur Tote, Verwundete und traumatisierte Überlebende.

Natürlich wird auch heute noch in Aspern auf dem Platz vor der Kirche daran erinnert, dass der Friedhof, der sich 1809 hier befand, von den österreichischen und französischen Truppen jeweils fünf, sechsmal eingenommen und wieder zurückerobert worden war. Auf einer Platte in der Wiese ist eine Kanonenkugel von damals montiert und wird der Opfer gedacht. Allerdings sind hier keine Namen angeführt, sondern nur die Einheiten, die hier kämpften – es wären ihrer sonst bei weitem zu viele. „Es gab mehr Tote auf den Gräbern des Asperner Friedhofes als darunter", beschreibt Rambaud das Gemetzel. Er berichtet, wie die Franzosen ohne Munition bereits nur noch Steine gegen die Österreicher warfen, manche mit Schleudern – und sich abschießen ließen wie die Hasen auf dem Marchfeld.

An der damals vollkommen zerstörten Kirche hängen heute Erinnerungstafeln – etwa jene von den „Schwarzen Hessen" mit der Inschrift „Schwarz die Farbe, Gold im Herzen, Treu bis in den Tod!". Sätze, die neben den Beschreibungen Rambauds geradezu obszön klingen. Das gilt auch für jene Tafel auf der anderen Seite der Kirche, wo „À la Glorieuse des Officiers et soldats de la grande Armée de Napoleon 1er" gehuldigt wird – die für Frankreich einen unsterblichen Ruhm hinterlassen hätten. Und vorne, der große Löwe von Aspern, der steht ja auch nur zum Andenken an die „ruhmvoll gefallenen österreichischen Krieger". Jedem das Seine, jeder Seite ihre Ruhmes-Tafel. Der Löwe selbst ist kein schlafender, wie manche glauben, sondern ein Sterbender, von einem Schwert durchstoßen. Er sinkt auf einem französischen Feldzeichen nieder. Anton Fernkorn hat dieses Wahrzeichen von Aspern 1858 geschaffen.

Einmal pro Jahr kommen sie hierher, legen am Jahrestag der Schlacht einen Kranz nieder, die Schützen feuern in die Luft, die Perchtoldsdorfer sogar noch mit dem Vorderlader, dazu inmitten der Straße, auf einer Verkehrsinsel, zwei in Uniform neben einer Kanone. Die Kapelle spielt auf und es wird der Opfer gedacht. Der Opfer beider Seiten – auch der französische Botschafter und der Militärattaché waren eingeladen – vielleicht kommen sie ja nächstes Jahr. Oder zumindest 2009, zum 200. Jahrestag der Schlacht.

Wie das mit dem Ruhm aussah, führt uns Rambaud vor, wenn er beschreibt, wie eine Kanonenkugel einem Fahnen-

träger den Kopf abriss und auf einmal lauter Goldstücke herumflogen, die der Mann in seinem Halstuch versteckt hatte. Da war nichts von Glorie, und da gab es keine Nationen mehr, als sie im Sanitätslager werkten: „Eine Operation durfte nicht mehr als zwanzig Sekunden dauern. Es waren zu viele auszuführen. Sodann warf man den Arm oder das Bein auf einen Haufen. Die Gelegenheitssanitäter rissen Witze darüber, um nicht umzukippen oder sich zu übergeben: ‚Noch eine Keule!‘ schrieen sie laut und warfen die amputierten Gliedmaßen von sich.“

Im Museum zur Schlacht vor Aspern, gleich neben der Kirche und dem Löwen, im ehemaligen Beinhaus, liegen noch einige Kanonenkugeln herum. Dazu jede Menge Ausrüstungsgegenstände und Uniformen, Degen, Säbel, Helme, Tschakos, ein Kürass, Gewehre, Pistolen, ein Modell einer Feldkanone. Früher wurden in und rund um Eßling immer wieder Reste des großen Abschlachtens gefunden, etwa wenn für einen Neubau noch händisch aufgegraben wurde. Heute werden ab und an noch auf den Feldern Funde gemacht, wenn Leute mit Metallsuchgeräten drübermarschieren.

Gegenüber der Kirche, auf der anderen Straßenseite, führt ein Weg zu einem Park und einem Kinderspielplatz. Bei dem steht eine Häusergruppe, die so aussieht, als würde sie seit 1809 hier stehen geblieben sein. Zerschlagene Scheiben, ein eingestürzter Dachstuhl, überwachsene Mauern. Doch mit der Schlacht haben die in Wirklichkeit nichts zu tun. Da können sich nur ein paar Besitzer nicht einigen, was mit den Ruinen geschehen soll.

Während der Schlacht verschanzten sich die Franzosen, wo es nur ging. In Eßling zogen sie sich beispielsweise ins Alte Schütthaus zurück, bis zum Speicher am Ende der Ulmenallee. Dieser hatte dicke Mauern, kleine Luken und mit Blech verstärkte Türen. Dort hielten die Truppen den Österreichern stand, bis sie, schon stark unter Druck, durch Napoleons

Junge Garde, die bis dahin geschonte Reserve, Unterstützung fanden.

Genauso wie von Rambaud beschrieben präsentiert sich das Schütthaus auch heute noch und ist eine Zweigstelle des „Museums Aspern–Eßling 1809". Sogar die metallische Türe ist noch erhalten und weist ein paar Einschusslöcher auf. Drinnen zeichnet ein rund 16 Quadratmeter großes Schlachtendiarama, das in 8700 Arbeitsstunden angefertigt wurde, die damaligen Ereignisse im Raum Aspern und Eßling nach. Exakt 8546 Figuren wurden darin aufgestellt, darunter auch Napoleon und Erzherzog Carl – das Ganze wird von akustischen und Licht-Effekten untermalt.

Doch das vermittelt nicht einmal einen Hauch dessen, was Rambaud über die Geschehnisse in Eßling schreibt, als dann in Eßling „aufgeräumt" wurde. Auf dem Friedhof seien die Ungarn reihenweise umgebracht worden, da man sich nicht mit weiteren Gefangenen habe belasten können. „Wie viele sind es denn?" – „Siebenhundert, Herr General."

Ganz in der Nähe dieses damaligen Lazarettes, in der Lobau, erinnert noch eine Gedenkstätte an Napoleons Hauptquartier. Ein Stein mit Inschrift. Ein kleines Stück

weiter steht das „Knusperhäuschen" an der Panozza-Lacke, in dem Brigitte Eibensteiner Erfrischungen anbietet. Ob gelegentlich noch Franzosen hierher kommen? „Seltenst. Sie meinen wegen dem Napoleon", weiß sie gleich Bescheid. Auf unserem persönlichen Rückzug zur Neuen Donau hin finden wir auch keinen Franzosen, aber immerhin einen Pariser am Wegesrand. Make love not war, heißt es heute.

Dass die Franzosen damals nicht so einfach die Donau überqueren konnten, hatte die Schlacht entscheidend mit beeinflusst und mit entschieden, dass sich Napoleon, vom Nachschub abgeschnitten, schließlich wieder über den Fluss nach Wien zurückziehen musste. Denn Napoleon hatte sein Heer über eine Pontonbrücke über die Donau setzen lassen. Damals war die Lobau noch eine Insel und die heute abgeschlossenen Seitenarme waren noch Teil des Hauptstromes. Daher wurde eine Brücke bis zur Insel Lobau und dann eine weitere bis ans andere Ufer des heutigen 22. Bezirks errichtet.

Doch die Donau hatte damals Hochwasser geführt, was schon vor dem großen Übersetzen erste Schäden an der Brücke verursachte und den gesamten Ablauf verzögerte. Was dann geschah, davon künden heute noch Bezeichnungen wie das „Mühlwasser" für einen Donaualtarm. Denn als die Österreicher das Übersetzen der Franzosen bemerkten und die Pontonbrücke ausgemacht hatten, füllten sie erst Boote mit Steinen und ließen sie flussabwärts gegen das Bauwerk der Franzosen treiben. Dann aber nützten die Österreicher eine der Flussmühlen, die eben im besagten Mühlwasser befestigt waren. Eine Mühle, die, so Rambaud, die Größe eines dreistöckigen Hauses hatte. Sie zündeten sie an, ließen sie flussabwärts treiben und – die Brücke der Franzosen riss. Die Mühle brach auseinander, brannte jedoch weiter und erfasste die Taue und Bohlen und auch die Brückendecke. Damit waren die Franzosen nachhaltig vom Nachschub abgeschnitten.

Ungefähr dort, wo die Franzosen ihre Pontonbrücke über die Donau errichteten, lädt heute die „Waluliso-Brücke" (siehe auch Seite 15) zum bequemen Überqueren des neuen „Entlastungsgerinnes", der Neuen Donau, ein. Auch dieses ist wieder eine Pontonbrücke – und dass sie sogar schon im Stadtplan warnen: „nicht jederzeit benutzbar", das ist wie eine letzte, um Jahrhunderte verspätete Verhöhnung der Franzosen. Tatsächlich schwankt die Brücke bedrohlich im frischen Donauwind, der die Wellen gegen die Schwimmer klatschen lässt.

Wir drehen daher um und erblicken ungefähr dort, wo sich das Lazarett der Franzosen befunden haben muss, den Stützpunkt der Arbeiter-Samariter Floridsdorf. Zwei Burschen sitzen drinnen, der eine telefoniert, der andere packt gerade seine Jause aus. Nein, viel sei nicht hier zu tun. Von Amputationen gibt es hier natürlich keine Spur. Das meiste, was sie hier zu Gesicht bekommen, sind Abschürfungen, die Verletzungen von gestürzten Radfahrern oder Skatern. Ob es gelegentlich Tote hier gebe? Vielleicht Ertrunkene? „Soll vorkommen. Ein-, zweimal die Saison", heißt es.

Mit Krieg haben die beiden jungen Sanitäter hier jedenfalls überhaupt nichts am Hut.

Sie sind Zivildiener.

Literatur

Abraham a Sancta Clara, Mercks Wienn 1680, Max Niemeyer Verlag Tübingen, 1983

H.C. Artmann, Med ana schwoazzn dintn, © Otto Müller Verlag, 11. Auflage, Salzburg, 2001

Ingeborg Bachmann, Malina, suhrkamp taschenbuch, 1980

Thomas Bernhard, Claus Peymann kauft sich eine Hose und geht mit mir essen, suhrkamp taschenbuch, 1993

Heimito von Doderer, Die Strudlhofstiege oder Melzer und die Tiefe der Jahre, dtv, 1966

Franzobel, Lusthaus oder die Schule der Gemeinheit, Piper, 2004

Wolf Haas, Wie die Tiere, Rowohlt, 2001

Miguel Herz-Kestranek, wos wea wo waun wia en wean, Ibera, 2002

Fritz von Herzmanovsky-Orlando, Der Gaulschreck im Rosennetz, sämtliche Werke Band I, Residenz Verlag, 1983

Ödön von Horváth, Geschichten aus dem Wienerwald, Gesammelte Werke, Band 4, suhrkamp taschenbuch, 2001

John Irving, Das Hotel New Hampshire, Diogenes Taschenbuch, 1984

Elfriede Jelinek, Die Klavierspielerin, Rowohlt Taschenbuch, 2004

Michael Köhlmeier, Roman von Montag bis Freitag, Deuticke, 2004

Karl Kraus, Die letzten Tage der Menschheit, dtv sonderreihe, 1978

Gerhard C. Krischker (Herausgeber), Wien im Gedicht, insel taschenbuch, 1993

Anton Kuh, Metaphysik und Würstel, Diogenes, 1987

Robert Menasse, Selige Zeiten, brüchige Welt, suhrkamp taschenbuch, 1994

Robert Musil, Der Mann ohne Eigenschaften, Gesammelte Werke, Rowohlt Taschenbuch, 1978

Johann Nestroy, Der böse Geist Lumpazivagabundus, Reclam, 1992

Patrick Rambaud, Die Schlacht, suhrkamp taschenbuch, 2002

Christoph Ransmayr, Die Schrecken des Eises und der Finsternis, Fischer Taschenbuch, 1993

Gerhard Roth, Der Plan, Fischer Taschenbuch, 2004

Gerhard Roth, Eine Reise in das Innere von Wien, Fischer Taschenbuch, 2001

Joseph Roth, Die Kapuzinergruft, dtv, 2003

Joseph Roth, Radetzkymarsch, Rowohlt Taschenbuch, 1975

Arthur Schnitzler, Der Reigen, dtv, 2004

Marlene Streeruwitz, Verführungen, Fischer Taschenbuch, 2004

Ladislav Ťažký, Wiener Blut, Mandelbaum, 2004

Friedrich Torberg, Der Schüler Gerber, dtv, 2003

1 Thomas Bernhard – „Claus Peymann kauft sich eine Hose und geht mit mir essen"
2 Michael Köhlmeier – „Roman von Montag bis Freitag"
3 Abraham a Sancta Clara – „Mercks Wien"
4 Christoph Ransmayr – „Die Schrecken des Eises und der Finsternis"
5 John Irving – „Hotel New Hampshire"
6 Karl Kraus – „Die letzten Tage der Menschheit"
7 Robert Musil – „Der Mann ohne Eigenschaften"
8 Miguel Herz-Kestranek – „wos wea wo waun wia en wean"
9 Gerhard Roth – „Der Plan"
10 Ladislav Ťažký – „Wiener Blut"
11 Franzobel – „Lusthaus oder die Schule der Gemeinheit"
12 Johann Nestroy – „Der böse Geist Lumpazivagabundus"
13 Wolf Haas – „Wie die Tiere"
14 Arthur Schnitzler – „Der Reigen"
15 Joseph Roth – „Die Kapuzinergruft"
16 Ingeborg Bachmann – „Malina"
17 Robert Menasse – „Selige Zeiten, brüchige Welt"
18 Marlene Streeruwitz – „Verführungen"
19 Fritz von Herzmanovsky-Orlando – „Der Gaulschreck im Rosennetz"
20 Ödön von Horváth – „Geschichten aus dem Wienerwald"
21 Heimito von Doderer – „Die Strudlhofstiege"
22 Elfriede Jelinek – „Die Klavierspielerin"
23 Friedrich Torberg – „Der Schüler Gerber"
24 H.C. Artmann – „wos an weana olas en s gmiad ged"
25 Anton Kuh – „Das Hofauto"
26 Patrick Rambaud – „Die Schlacht"

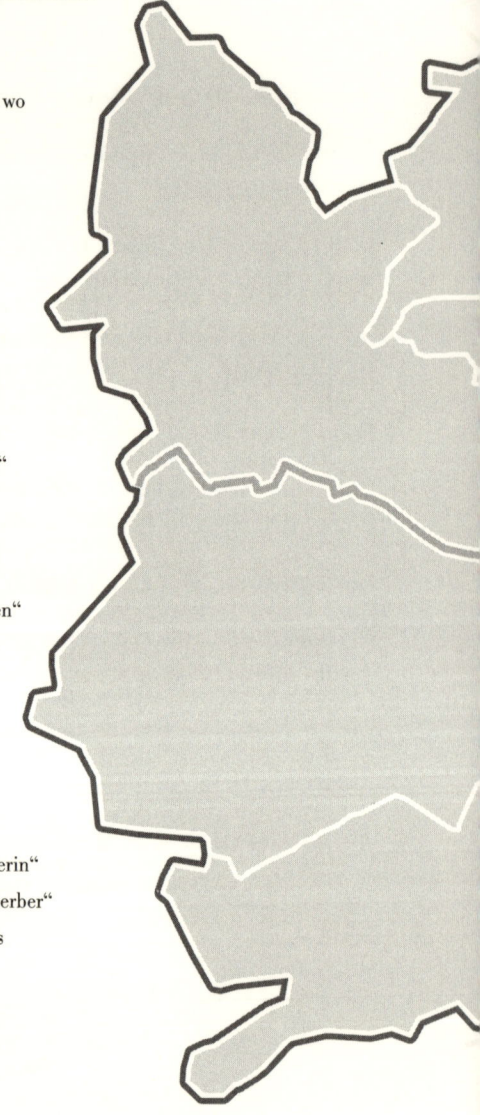

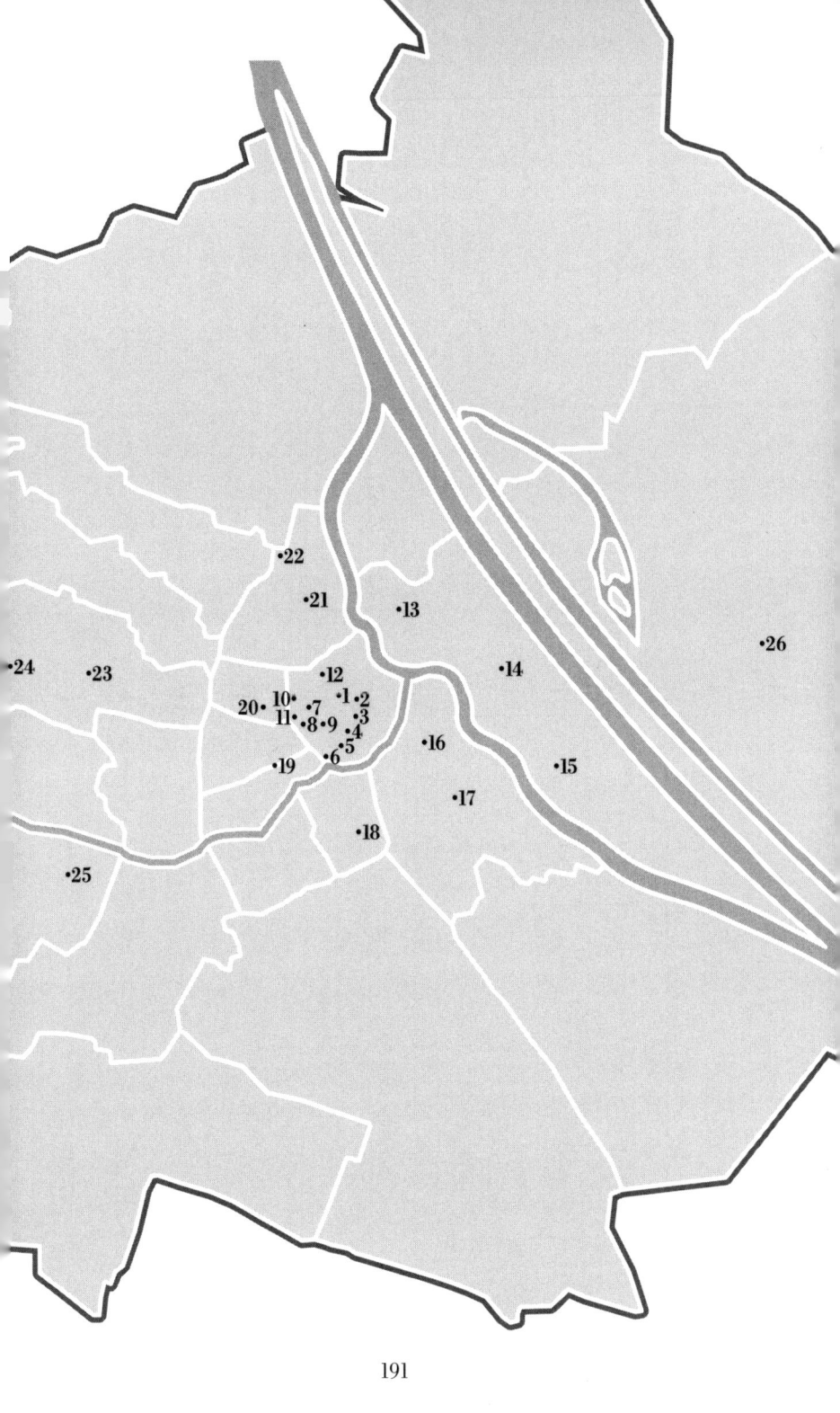

191